Veronika Pichl

# Mix dich leicht

Tragen Sie sich jetzt unter **www.thermomix-fans.de** für unseren Newsletter ein und erhalten Sie kostenlose Rezepte und Infos zu neuen Veröffentlichungen!

Veronika Pichl

# Mix dich leicht

Abnehmen mit den Methoden der
Weight Watchers® und dem Thermomix®

riva

**Bibliografische Information der Deutschen Nationalbibliothek:**
Die Deutsche Nationalbibliothek verzeichnet diese Publikation in der Deutschen Nationalbibliografie. Detaillierte bibliografische Daten sind im Internet über http://d-nb.de abrufbar.

**Für Fragen und Anregungen:**
info@rivaverlag.de

**Wichtiger Hinweis**
Sämtliche Inhalte dieses Buches wurden – auf Basis von Quellen, die die Autorin und der Verlag für vertrauenswürdig erachten – nach bestem Wissen und Gewissen recherchiert und sorgfältig geprüft. Alle Rezepte in diesem Buch wurden für den Thermomix® TM5 entwickelt und mit diesem getestet. Bitte beachten Sie: Der Mixtopf des Thermomix® TM5 ist größer als der des TM31 (Kapazität von 2,2 Litern anstatt 2,0 Liter beim TM31). Daher dürfen aus Sicherheitsgründen die Rezepte aus diesem Buch nur dann mit dem TM31 nachgekocht werden, wenn die Mengen angepasst wurden. Achten Sie auf die Füllstandsmarkierungen und überschreiten Sie die maximale Füllmenge nicht. Der Verlag und die Autorin haften für keine nachteiligen Auswirkungen, die in einem direkten oder indirekten Zusammenhang mit den Informationen stehen, die in diesem Buch enthalten sind. Thermomix® ist ein eingetragenes Warenzeichen der Vorwerk & Co. KG. Diese Publikation ist kein offizielles Lizenzprodukt der Vorwerk & Co. KG.

Originalausgabe
3. Auflage 2018

Nymphenburger Straße 86
D-80636 München
Tel.: 089 651285-0
Fax: 089 652096



Redaktion: Dr. Kirsten Reimers
Umschlaggestaltung: Manuela Amode
Umschlagabbildungen: Anna_Pustynnikova/shutterstock.com, Maria-Lapina/shutterstock.com, Maria-Lapina/shutterstock.com, Anna Shepulova/shutterstock.com
Satz: inpunkt[w]o, Haiger (www.inpunktwo.de)
Druck: Florjancic Tisk d.o.o., Slowenien
Printed in the EU

ISBN Print 978-3-7423-0535-0
ISBN E-Book (PDF) 978-3-7453-0104-5
ISBN E-Book (EPUB, Mobi) 978-3-7453-0105-2

Weitere Informationen zum Verlag finden Sie unter

www.rivaverlag.de

Beachten Sie auch unsere weiteren Verlage unter www.m-vg.de

# Inhalt

# Thermomix® und Weight Watchers®: Ein echtes Dream-Team

Das erfolgreiche Weight-Watchers®-Abnehmkonzept ist Menschen auf der ganzen Welt ein Begriff. Und das ist nicht allein der erfolgreichen Marketingstrategie des bereits 1963 gegründeten Unternehmens geschuldet. Vielmehr hängen Erfolg sowie Bekanntheit und Beliebtheit der Weight-Watchers®-Methode damit zusammen, dass das renommierte Abnehmprogramm eines kann: Es funktioniert!

Dabei ist es egal, ob sich Teilnehmer für die Weight-Watchers®-Gruppentreffen als zusätzliche Abnehmmotivation, für die Online-Variante oder die Smartphone-App des Programms entscheiden.

Schließlich ist der Kern des Konzepts und der Schlüssel zum Abnehmerfolg immer gleich:

Mithilfe eines cleveren Punktesystems macht Weight Watchers® die Umstellung der Ernährungsgewohnheiten leichter. Ohne kompliziertes Zählen von Kalorien oder Kohlenhydraten ermöglicht es das Programm, Essgewohnheiten zu verbessern und kommt dabei ohne demotivierende Verbote und Einschränkungen aus. Fast wie von selbst und ohne Zwänge verbessern sich so die Ernährungs- und oft auch Lebensgewohnheiten der Teilnehmer und machen dauerhafte Abnehmerfolge möglich.

Ganz ohne Fleiß geht es aber auch bei Weight Watchers® nicht. Obwohl Abnehmwillige mit dem Programm weder hungern noch verzichten müssen, wird meist etwas mehr Eigeninitiative in der Küche erforderlich, um gesunde, Weight-Watchers®-taugliche Zutaten in leckere Gerichte zu verwandeln. Schließlich baut das Konzept insbesondere auch darauf auf, ungesunde Dickmacher – beispielsweise in Form von herkömmlichen Snacks und Fertiggerichten – gegen frische, vollwertige Mahlzeiten zu ersetzen.

Und genau da liegt oft das Problem: Selbst wenn der Wille, ungesunde Essgewohnheiten endlich abzulegen, vorhanden ist, fehlt es oft einfach an der Zeit, um frische Gerichte zu kochen.

Doch daran muss der Abnehmerfolg nicht mehr scheitern. Schließlich bekommt das Weight-Watchers®-Konzept tatkräftige, effektive und vor allen Dingen zeitsparende Unterstützung von einer anderen innovativen Erfindung: dem Thermomix®! Wie das Weight-Watchers®-Konzept funktioniert und was den Thermomix® zum idealen Abnehmpartner macht? Ganz einfach!

## Abnehmen mit Weight Watchers®

Viele Dinge fallen gemeinsam mit Gleichgesinnten einfach leichter. Das bemerkte auch die Weight-Watchers®-Gründerin Jean Nidetch, der das Abnehmen zusammen mit ihren Freundinnen einfach viel besser gelang. Aus dieser simplen Erkenntnis entstand schließlich das Weight-Watchers®-Konzept, das zu Beginn in erster Linie auf Gruppentreffen und den Erfahrungsaustausch zwischen Abnehmwilligen setzte.

Mittlerweile hat sich Weight Watchers® jedoch zu einem ganzheitlichen Abnehmkonzept und für viele sogar zu einem echten Lebensgefühl entwickelt. Mit vielen hilfreichen Tools und Ratgebern können mit Weight Watchers® heute nicht mehr nur in der Gruppe, sondern beispielsweise auch alleine mithilfe des Online-Programms oder der Smartphone-App Abnehmerfolge gefeiert werden.

Doch wie funktioniert Weight Watchers® überhaupt und warum hat das System so viele Anhänger auf der ganzen Welt?

Diese Fragen lassen sich ganz leicht beantworten: Weight Watchers® funktioniert nachhaltig und ist obendrein nicht einmal eine klassische Diät, bei der man wie so oft auf die geliebten Lebensmittel komplett verzichten muss!

# Punkteplan statt Kalorienzählen!

Lebensmittel abwiegen, Kalorien und Kohlenhydrate zählen und streng verbotene Lebensmittel – das macht viele Diäten nicht nur aufwendig, sondern oft scheitert man mit diesen extremen Komplettumstellungen auch schnell. Schließlich bekommt, wer tagelang beispielsweise nur Ananas isst, unweigerlich Heißhunger auf Schokolade oder eine Portion Pommes. Wird das begehrte und verbotene Lebensmittel dann trotz Diät verzehrt, sinkt die Diätmotivation in den Keller, Frustration macht sich breit und die Ananas-Diät wird genauso schnell aufgegeben, wie sie begonnen wurde.

Nicht besser sieht es dann aus, wenn sich nach einseitigen Diäten tatsächlich Abnehmerfolge eingestellt haben. Schließlich sind diese schnell wieder verschwunden, wenn wir zu alten, ungesunden Ernährungsgewohnheiten zurückkehren. Das ist sehr frustrierend, und die vorangegangene Diät ist ebenfalls gescheitert.

Und zugegeben: Einseitige Diäten sind sinnlos. Diäterfolge lassen sich hiermit – wenn überhaupt – nur kurzfristig erreichen. Schließlich ändern kurzfristige Verbote, Hungern und eine einseitige Ernährung nichts an unseren Lebens- und Essgewohnheiten vor und nach der Diät. Leiden wir chronisch unter ein paar Pfunden zu viel, sind hierfür aber unsere (schlechten) Ernährungsgewohnheiten verantwortlich.

Genau hier setzt das Weight-Watchers®-Konzept an und packt das Übel bei der Wurzel – nämlich bei unseren ungesunden Essgewohnheiten. Deshalb gibt es bei Weight Watchers® keine verbotenen Lebensmittel, kein Kalorienzählen, keine Hunger- oder Fastenzeiten. Stattdessen möchte das Programm mithilfe seines Punktesystems dazu anleiten, gesünderes und besseres Essen zu erlernen, um nachhaltig Gewicht verlieren zu können. Und das geht so:

Jedes Nahrungsmittel oder Gericht hat einen bestimmten Punktewert. Anstatt Kalorien zu zählen, müssen Teilnehmer lediglich auf den Punktewert ihrer Mahlzeiten achten und dürfen eine bestimmte Punktezahl pro Tag nicht überschreiten.

Verbotene Lebensmittel gibt es dabei nicht. Theoretisch lassen sich einige der täglich zur Verfügung stehenden Punkte also auch in ein Croissant, einen Cupcake oder in Schokolade investieren. Lebensmitteltabus sind bei Weight Watchers® nicht vorgesehen.

# Und darum funktioniert Weight Watchers®

Der Punktewert eines Nahrungsmittels setzt sich aus den enthaltenen Kalorien sowie dem Eiweiß-, Fett- und Zuckergehalt zusammen. Gesunde und eiweißreiche Lebensmittel schlagen mit weniger oder gar keinen Punkten zu Buche, während fett- und zuckerreiche Speisen einen hohen Punktewert aufweisen.

Entscheidet sich der Weight-Watchers®-Teilnehmer nun dafür, am Nachmittag zum Beispiel ein Stück Sahnetorte zu essen, bleiben für den restlichen Tag weniger Punkte übrig. Möchte er das vermeiden, gilt es, die Punkte zukünftig sinnvoller einzuteilen.

Schon nach kurzer Zeit fällt es den Teilnehmern des Abnehmprogramms sehr viel leichter, gesunde und eiweißreiche Speisen zu erkennen, Mahlzeiten zu planen, Punkte sinnvoll einzuteilen und das Konzept in den Alltag zu integrieren. Ganz nebenbei findet durch die Bemühung, die Punkte sinnvoll zu verwenden, außerdem eine Ernährungsumstellung auf mehr Obst, Gemüse und eiweißreiche Speisen statt – schließlich haben diese allesamt besonders wenige oder sogar 0 Punkte. Seit 2018 hat Weight Watchers® mehr als 200 nährstoffreiche Lebensmittel als 0-Punkte-Lebensmittel in das Programm aufgenommen. Diese Lebensmittel haben generell 0 Punkte und können bis zur Sättigung gegessen werden.

## Zu den 0-Punkte-Sattmachern gehören:

- Obst frisch (oder TK ohne Zuckerzusatz) wie z. B. Äpfel, Bananen, Birnen, Beeren, Kirschen, Kiwis, Zitrusfrüchte, Pflaumen, Weintrauben usw.
- Gemüse frisch (oder Konserve und TK ohne Zusatz von Zucker oder Öl) wie z. B. Auberginen, Blumenkohl, Brokkoli, Karotten, Kohlsorten, Paprika, Pilze, Radieschen, Tomaten, Zucchini, Zwiebeln usw. Ausnahme: z. B. Kartoffeln mit 2 Punkten pro 100 g.
- Hülsenfrüchte wie Bohnen, Erbsen, Kichererbsen, Kidneybohnen, weiße Bohnen usw. und Mais
- Eier
- Fleisch und Aufschnitt von Geflügel wie Hähnchen und Pute als Brustfilet oder Schnitzel (Natur), Geflügelschinken, Putenbrustaufschnitt usw.
- Fisch wie z. B. Forelle, Dorsch, Kabeljau, Karpfen, Lachs, Makrele, Pangasius, Rotbarsch, Sardinen, Thunfisch usw., Meeresfrüchte und Garnelen

Gesunde, fettarme Gerichte aus viel Gemüse und beispielsweise eiweißreichem Fisch und Geflügel bereiten sich natürlich nicht von alleine zu. Doch Fertiggerichte und schnelle kalorienreiche Snacks wirken sich ungünstig auf die Weight-Watchers®-Punktebilanz aus. Schließlich kommen solche Lebensmittel meist nicht ohne Zuckerzusätze und andere Dickmacher aus. Das bedeutet: Wer mit Weight Watchers® dauerhaft erfolgreich sein möchte, sollte auf die frische Zubereitung »punktearmer« Speisen umsteigen. Schade nur, dass hierfür im stressigen Alltag oft zu wenig Zeit bleibt und das Abnehmvorhaben scheitern lässt. Doch keine Angst! Es gibt einen Retter in der (Zeit-)Not!

## Thermomix® macht's möglich – wie eine Küchenmaschine beim Abnehmen hilft

Der Thermomix® ist praktisch und erfreut sich darum – genauso wie das Weight-Watchers®-Programm – großer Beliebtheit. Die Universal-Küchenmaschine kocht, zerkleinert, mixt und dämpft. Doch wie soll sie damit beim Abnehmen helfen?
Ganz einfach: Die smarte Küchenmaschine macht es auch im stressigsten Alltag leicht, einfach gesund und auch noch zeitsparend zu kochen. Nicht nur ermöglicht es der Thermomix®, Hauptspeise und Beilagen in nur einem Schritt gleichzeitig zu garen. Auch hilft er bei Kochvorbereitungen, indem er Gemüse, Kräuter und viele andere gesunde Zutaten zerkleinert, mixt oder püriert. So gelingt selbst das Vorkochen gleich mehrerer Gerichte ohne Stress und Küchenchaos.
Besonders gut geeignet ist das Küchentalent außerdem für die Zubereitung von Gemüse und anderer kalorien- und »punktearmer« Lebensmittel wie Fisch oder magerem Fleisch. Diese lassen sich fettsparend ganz einfach im Thermomix® dämpfen – das spart viele Punkte.
Darüber hinaus lassen sich selbstverständlich auch leckere Weight-Watchers®-taugliche Desserts und echte Sattmacherrezepte mit wenigen Punkten im Handumdrehen im Thermomix® zaubern.
Das Beste daran: Nach dem Motto »Rein in den Topf und fertig« reicht es bei vielen gesunden Gerichten schon aus, den Thermomix® mit den richtigen Zutaten zu »füttern«, und das Kochen erledigt sich wie von selbst. Klar, dass auch das Abnehmen mit dem Dream-Team aus Thermomix® und Weight-Watchers®-Programm so gleich viel leichter gelingt und sich selbst in den turbulentesten Tagesablauf bestens integrieren lässt.
Was dabei in den Topf gehört und wie lecker Abnehmen sein kann, zeigen unsere abwechslungsreichen Weight-Watchers®-Rezepte für den Thermomix®.

# Tipps

## ... für den Thermomix®

### Kräuter zerkleinern

Beim Zerkleinern von Kräutern mit dem Thermomix® sollten Sie darauf achten, dass die Kräuter möglichst trocken sind. Am besten vorher noch etwas kleiner zupfen und auf das laufende Messer einrieseln lassen mit mind. Stufe 5. Auch der Mixtopf sollte trocken sein.

### Dünsten/Garen im Varoma

- Beim Garen im Varoma sollte man beachten, dass ausreichend Schlitze frei sind, damit der Dampf gut durchziehen kann. Hierzu kann man z. B. Besteck unter das eingelegte Gemüse geben, wenn man eine große Menge dünstet.
- Falls man verhindern möchte, dass z. B. Eiweiß beim Dünsten von Fisch oder Fleisch usw. nach unten tropft, sollte man Backpapier auf die Größe des Varoma zuschneiden und unter das Gargut einlegen. Zur Verbesserung der Dampfdurchlässigkeit können Sie das Backpapier vor dem Einlegen nass machen und gut auswringen.

### Energie sparen

- Wenn man das Wasser vorher im Wasserkocher aufkocht und dann in den Mixtopf gibt, z. B. zum Dünsten im Varoma oder zum Kochen von Kartoffeln im Garkörbchen, verkürzt sich die Aufheizzeit und man spart Energie.
- Wird das Gemüse später sowieso zerkleinert, kann man es schon vorher kleiner schneiden, auch das spart Garzeit.

## ... zum Punktesparen

### Magerquark durch Skyr ersetzen

Skyr ist ein traditionelles isländisches Milchprodukt mit einer Konsistenz von etwas festerem Joghurt bzw. cremigem Magerquark. Skyr gehört zu den 0-Punkte-Lebensmitteln mit viel Protein und wenig Fett. Die Verwendung von Skyr anstatt Magerquark spart wertvolle Punkte.

100 g Magerquark bis 0,5 % Fett absolut = 1 Punkt;

100 g Skyr bis 0,2 % Fett = 0 Punkte

### Weniger Öl

1 TL = 1 Punkt

1 EL = 4 Punkte

Oft reicht ein Teelöffel Öl zum Andünsten im Thermomix® oder Ausbacken in der Pfanne völlig aus. Verwenden Sie gut beschichtete Pfannen oder fügen Sie einfach 1–2 EL Wasser oder Gemüsebrühe zum Andünsten mit hinzu.

## Saure Sahne versus Schmand

Schmand lässt sich geschmacklich sehr gut durch saure Sahne ersetzen. Das spart pro Esslöffel einen Punkt.
1 EL Schmand, 24 % Fett = 2 Punkte
1 EL saure Sahne/Sauerrahm 10 % Fett = 1 Punkt

## Süße 0-Punkte-Alternativen zu Zucker

Wer mithilfe des Weight-Watchers®-Konzepts abnimmt, tauscht bekannte Dickmacher gegen gesündere, »punktearme« Lebensmittel aus. In erster Linie verschwinden dabei kalorienreiche sowie besonders fettige Speisen nach und nach vom Speiseplan.
Hat man sich erst einmal daran gewöhnt, fällt es dabei oft gar nicht mehr schwer, Frittiertes gegen Gemüse oder besonders fettige Speisen gegen eine gesündere Alternative zu ersetzen. Schwieriger wird es hingegen, wenn plötzlich die Lust auf Süßes aufkommt.
Bekannt ist schließlich, dass gerade herkömmlicher Haushaltszucker viele Kalorien enthält, uns schnell dick macht und unserem Körper zusätzlich nicht einmal eine nennenswerte Menge an Vitaminen oder Mineralstoffen liefern kann.
Höchste Zeit also, um Haushaltszucker und aus diesem hergestellte Lebensmittel eher seltener zu verzehren oder sie gegen eine Weight-Watchers®-freundliche Süßungsalternative auszutauschen. Doch welche Süße kommt dabei infrage – und weist am besten noch einen Punktewert von 0 auf?

## Honig, Agavendicksaft und Co.

Honig und Agavendicksaft gelten als besonders gesunde und natürliche Zuckeralternativen. Und in der Tat hat gerade Honig – im Vergleich zu herkömmlichem Haushaltszucker – durch seinen Gehalt an Vitaminen und Mineralien in puncto Gesundheit die Nase vorn.
Allerdings sind sowohl Honig als auch Agavendicksaft nicht kalorienärmer als Zucker. Dementsprechend müssen beide Süßungsmittel selbstverständlich bei der Punktrechnung berücksichtigt werden und schlagen mit einem Punkt pro Teelöffel zu Buche!
Übrigens: Ganz ähnlich sieht es auch mit braunem Zucker und Rohrzucker aus. Obwohl die Zusammensetzung hier geringfügig anders ist als bei weißem Zucker, handelt es sich dennoch nicht um eine »punktearme« Alternative. Stattdessen müssen auch braune Zuckersorten – genauso wie weißer Zucker – mit 1 Punkt pro 1 TL berechnet werden.

## Echte 0-Punkte-Süße

Es gibt jedoch auch Süßungsalternativen, die tatsächlich keine Kalorien liefern und auch in der Punkteberechnung nicht berücksichtigt werden müssen.
Hierzu gehören insbesondere pflanzliche Stevia-Süße (flüssig und in Pulverform) sowie Süßstoffe aus Erythrit, Aspartam, Saccharin und Cyclamat. Insbesondere Cyclamat, Saccharin und Aspartam sind oft als Flüssigsüße oder Süßstofftabletten erhältlich. Erythrit hingegen ist oft in Form von haushaltszuckerähnlichen Kris-

tallen zu haben und optisch und in der Verwendung herkömmlichem Zucker besonders ähnlich.
Obwohl Stevia, Erythrit, Cyclamat, Saccharin und Aspartam keine Kalorien liefern und allesamt einen Punktewert von 0 aufweisen, gibt es bei ihrer Verwendung dennoch etwas zu beachten:

- Einige Stevia-Produkte enthalten den kohlenhydratreichen Zuckeraustauschstoff Maltodextrin! Studieren Sie deshalb die Inhaltsstoffangaben ganz genau.
- Erythrit weist nicht die gleiche Süßkraft auf wie Zucker! In Rezepten kann gewöhnlicher Haushaltszucker darum nicht 1:1 ersetzt werden! 130 g Erythrit ersetzen ca. 100 g Zucker bezüglich der Süßkraft.
- Stevia kann Speisen bei Überdosierung einen unerwünschten lakritzartigen Geschmack verleihen.
- Süßstoffe (Cyclamat, Saccharin und Aspartam) werden vom Körper nicht verwertet und weisen darum keine Nebenwirkungen auf. Die Zuckeraustauschstoffe Erythrit und Stevia können – in größeren Mengen aufgenommen – allerdings Blähungen und Durchfall verursachen.

In den Rezepten verwende ich hauptsächlich Erythrit, da man Zucker meiner Meinung damit sehr gut ersetzen kann und es geschmacklich sehr ähnlich ist. Sie können ein Süßungsmittel nach Ihrem persönlichen Geschmack aussuchen. Falls Sie Zucker, Honig oder Ähnliches verwenden, also keine 0-Punkte-Süße, müssen Sie das allerdings in Ihrer Punkteberechnung mitberücksichtigen.

## Zum Umgang mit diesem Buch

Bei jedem Rezept finden Sie Nährwertangaben:
- Kcal steht für Kilokalorien,
- KH für Kohlenhydrate,
- F für Fett,
- P für Protein.

Außerdem sind vegetarische und glutenfreie Rezepte mit den folgenden Symbolen übersichtlich gekennzeichnet:

vegetarisch
vegan
glutenfrei

Glutenfrei: Bitte achten Sie bei Ihren Produkten immer auf das Etikett, besonders bei Schokolade, Käse, Gemüsebrühe, Kakaopulver, Gewürzen usw. Auch wenn diese Zutaten meist frei von Gluten sind, können von den Herstellern bestimmte Zusätze verwendet werden, die nicht glutenfrei sind.

# PORRIDGE, MÜSLI UND CO.

## Overnight Oats

*Für 2 Portionen*
***Pro Portion: 5 Punkte • 382 kcal • 47,9 g KH • 13,8 g F • 12,3 g P***

150 g fettarme Milch, 1,5 % Fett
200 g griechischer Joghurt, Natur, bis 0,2 % Fett
1 EL Erythrit (oder Süßungsmittel nach Wahl)
1 Msp. Vanillepulver
70 g Haferflocken
100 g Heidelbeeren
1 Banane

1. Milch, Joghurt, Süßungsmittel und Vanillepulver in den Mixtopf geben und 10 Sek./Stufe 4 vermischen.
2. Haferflocken einwiegen und 5 Sek./Linkslauf/Stufe 2 unterrühren.
3. In zwei Gläser füllen und über Nacht in den Kühlschrank stellen.
4. Am nächsten Tag Heidelbeeren waschen und abtropfen lassen.
5. Banane schälen und in Scheiben schneiden.
6. Overnight Oats mit Heidelbeeren und Bananenscheiben belegen und sofort verzehren bzw. als Frühstück oder Nachmittagssnack mitnehmen.

# Bananen-Mandel-Porridge

*Für 2 Portionen*

***Pro Portion:* 8 Punkte • 321 kcal • 38,7 g KH • 12 g F • 11,3 g P**

20 g Mandeln
200 g fettarme Milch, 1,5 % Fett
300 g Wasser
60 g Haferflocken
1 TL Erythrit (oder Süßungsmittel nach Wahl wie z. B. Honig)
1 Banane
1 EL Nuss- oder Saatenmix nach Belieben (z. B. Mandeln, Sonnenblumenkerne, gehackte Hasel- oder Walnüsse)

1. Mandeln in den Mixtopf geben und 5 Sek./Stufe 8 zerkleinern.
2. Milch, Wasser und Haferflocken hinzuwiegen, Erythrit hinzugeben und 10 Min./90 °C/Stufe 2 köcheln lassen. Gegen Ende der Kochzeit ggf. etwas Wasser zugeben, damit der Brei die gewünschte Konsistenz bekommt.
3. Den Brei in Schälchen füllen.
4. Banane schälen, in Scheiben schneiden und zusammen mit den Nüssen bzw. Saaten auf dem Porridge anrichten.

# Müsliriegel

*Für ca. 20 Stück*

***Pro Stück: 4 Punkte • 122 kcal • 9,7 g KH • 6,7 g F • 4,3 g P***

3 EL Honig
1 Banane
150 g Apfelmus zuckerfrei
300 g Körnermischung, z. B. Sonnenblumenkerne, Sesam, Mandeln, Kürbiskerne
100 g Haferflocken
100 g Mehl, z. B. Roggen- oder Weizenmehl

1. Backofen auf 180 °C Ober-/Unterhitze vorheizen. Backblech mit Backpapier auslegen.
2. Honig im Mixtopf 3 Min./60 °C/Stufe 1 erwärmen.
3. Banane schälen, in grobe Stücke schneiden, mit Apfelmus in den Mixtopf hinzufügen und 15 Sek./Stufe 4 vermischen.
4. Körner, Haferflocken und Mehl einwiegen und 1 Min./Knetmodus vermengen.
5. Die Körnermasse auf das Backblech geben und gleichmäßig verteilen.
6. In den Backofen schieben und ca. 20 Min. backen. Noch warm in 20 Riegel schneiden.

# Haferkekse

*Für ca. 25 Stück*
***Pro Stück: 1 Punkt • 44 kcal • 4,8 g KH • 2,2 g F • 2,2 g P***

100 g Halbfettbutter (weich)
60 g Erythrit (oder Süßungsmittel nach Wahl)
1 Prise Vanillepulver
1 Ei
½ TL Zimt
1 Prise Salz
1 TL Backpulver
60 g Weizenmehl
120 g zarte Haferflocken

1. Den Backofen auf 180 °C Ober-/Unterhitze vorheizen.
2. Butter, Zucker, Vanillepulver, Ei, Zimt und Salz 30 Sek./Stufe 4 cremig rühren.
3. Backpulver, Mehl und Haferflocken hinzufügen und 1 Min./Knetmodus zu einer homogenen Masse verarbeiten.
4. Aus dem Teig ca. 30 Kekse formen, auf ein mit Backpapier ausgelegtes Backblech legen und 15–20 Min. goldbraun backen.

# SMOOTHIES

## Schoko-Smoothie

*Für 1 Portion*
***Pro Portion: 5 Punkte • 358 kcal • 39,1 g KH • 10,8 g F • 20,8 g P***

100 g fettarme Milch, 1,5 % Fett
100 g Skyr, Natur, max. 0,2 % Fett
1 EL Kakaopulver (entölt)
1 TL gemahlene Leinsamen
1 Banane
3-4 Haselnusskerne
50 g Brombeeren (TK oder frisch)
1 TL Kakaonibs

1. Milch, Skyr, Kakaopulver, Leinsamen und Banane in den Mixtopf geben und 15 Sek./Stufe 5 mixen. In ein Glas umfüllen.
2. Haselnusskerne hacken.
3. Smoothie mit gehackten Haselnüssen, Brombeeren und Kakaonibs toppen.

# Grüner 0-Punkte-Smoothie

*Für 2 Portionen*

***Pro Portion: 0 Punkte • 161 kcal • 32,2 g KH • 0,9 g F • 3,6 g P***

150 g Spinat
1 Apfel Granny Smith
1 Kiwi
1 Banane
Saft einer halben Zitrone
100 g Wasser
4 Eiswürfel (optional)

1. Spinat waschen, verlesen und in den Mixtopf füllen.
2. Apfel waschen, Kiwi schälen, beides in grobe Stücke schneiden und zum Spinat hinzufügen. 5 Sek./Stufe 7 grob zerkleinern.
3. Banane schälen, in groben Stücken in den Mixtopf geben, Zitronensaft, Wasser und Eiswürfel hinzufügen und 45 Sek./Stufe 8 mit aufgesetztem Messbecher pürieren.

## Tipp:

Smoothies lassen sich in einer verschließbaren Glasflasche aufbewahren. Man sollte sie aber möglichst taggleich, spätestens am nächsten Tag verbrauchen. Durch süßes Obst bzw. eine reife Banane ist die Zugabe von Süßungsmitteln nicht nötig.

# Lila 0-Punkte-Smoothie

*Für 2 Portionen*
***Pro Portion: 0 Punkte • 116 kcal • 22,2 g KH • 0,9 g F • 1,7 g P***

150 g Heidelbeeren
150 g Erdbeeren
1 Banane
Saft einer halben Zitrone
4 Eiswürfel

1. Heidel- und Erdbeeren waschen und abtropfen lassen.
2. Banane schälen und in grobe Stücke schneiden.
3. Alle Zutaten in den Mixtopf geben und 30 Sek./Stufe 8 mit aufgesetztem Messbecher pürieren.

# Roter 0-Punkte-Smoothie

*Für 2 Portionen*
***Pro Portion: 0 Punkte • 146 kcal • 27,7 g KH • 0,8 g F • 2,5 g P***

250 g Erdbeeren
1 Banane
1 Orange
Saft einer halben Zitrone
4 Eiswürfel

1. Erdbeeren waschen und abtropfen lassen.
2. Banane und Orange schälen, Orange in Viertel schneiden.
3. Alle Zutaten in den Mixtopf geben und 30 Sek./Stufe 8 mit aufgesetztem Messbecher pürieren.

# Kunterbunte Smoothie-Bowl

*Für 2 Portionen*
***Pro Portion: 3 Punkte • 393 kcal • 50,3 g KH • 8,4 g F • 23,8 g P***

200 g Beeren nach Wahl (z. B. Beerenmischung, Himbeeren, Heidelbeeren)
1 Apfel
1 Banane
1 EL Zitronensaft
300 g Skyr, Natur, max. 0,2 % Fett (alternativ Magerquark)
30 g Haferflocken (oder Müsli)
1 EL Chia-Samen
1 EL Saaten und Kerne nach Wahl (z. B. gehobelte Mandeln, Leinsamen, Kürbiskerne, Sonnenblumenkerne)

1. Beeren waschen und abtropfen lassen.
2. Apfel waschen, abtrocknen, vierteln und in Scheiben schneiden.
3. Banane schälen und in Scheiben schneiden.
4. Von den Beeren ca. 50 g und ca. 1/3 der Banane und des Apfels für das Topping zurücklegen. Das restliche Obst in den Mixtopf geben.
5. Zitronensaft hinzufügen und 5 Sek./Stufe 8 pürieren.
6. Skyr einwiegen und 10 Sek./Stufe 5 mixen.
7. In Schälchen füllen und mit dem restlichen Obst, Müsli, Chia-Samen und Saatenmix dekorieren.

*Tipp:*
Mit Nüssen und Saaten nach Wahl bestreuen.

# SUPPEN

## Zucchinisuppe

*Für 2 Portionen*
***Pro Portion: 2 Punkte • 140 kcal • 20,2 g KH • 3,3 g F • 5,7 g P***

1 Zwiebel
1 TL Öl (z. B. Olivenöl)
1-2 Kartoffeln (ca. 150 g)
400 g Zucchini
400 g Wasser
1 EL Gemüsebrühepulver
1 Prise Muskatnuss, gemahlen
Salz, Pfeffer

1. Zwiebel abziehen, halbieren, in den Mixtopf geben 5 Sek./Stufe 5 zerkleinern.
2. Öl hinzufügen und 5 Min./Varoma/Stufe 1 dünsten.
3. Kartoffeln und Zucchini waschen, die Kartoffeln schälen und beides in grobe Stücke schneiden. In den Mixtopf hinzufügen und 5 Min./Varoma/Linkslauf/Stufe 1 mitdünsten.
4. Wasser einwiegen und Gemüsebrühepulver hinzufügen, 15 Min./100 °C/Stufe 3 mit aufgesetztem Messbecher köcheln lassen.
5. Danach für 10 Sek./Stufe 3–8 schrittweise ansteigend pürieren und mit Gewürzen abschmecken.

*Tipp:*
1 EL saure Sahne unterrühren. Mit frischen Kräutern, Zucchininudeln oder Croûtons bestreut servieren.

# Gemüsesuppe

*Für 2 Portionen*
***Pro Portion: 3 Punkte • 209 kcal • 32,8 g KH • 3,2 g F • 7,6 g P***

3 Stängel Petersilie
¼ Bund Schnittlauch
250 Kartoffeln
2 Karotten
¼ Sellerieknolle
100 g Champignons
1 kleine Stange Lauch
100 g Cocktailtomaten
1 Zwiebel
1 Knoblauchzehe
1 TL Öl
500 g Wasser
1 EL Gemüsebrühepulver
Salz, Pfeffer

1. Petersilie und Schnittlauch waschen, trocken schütteln und kleiner zupfen. Mixtopf einsetzen und das Messer 5 Sek./Stufe 6 laufen lassen. Die Kräuter durch die Mixtopf-Öffnung einrieseln und zerkleinern lassen. Nach Belieben 1 TL Kräuter für die Dekoration zurücklegen.
2. Kartoffeln, Karotten und Sellerie waschen, schälen und in Würfel schneiden. Champignons putzen und in Viertel schneiden. Lauch putzen und in Scheiben schneiden. Tomaten waschen, abtrocknen, Strunk wegschneiden und würfeln.
3. Zwiebel und Knoblauchzehe abziehen, Zwiebel halbieren, in den Mixtopf geben und 5 Sek./Stufe 5 zerkleinern. Mit dem Spatel nach unten schieben.
4. Öl zugeben und 5 Min./Varoma/Stufe 1 dünsten.
5. Gemüsestücke, Wasser und Gemüsebrühepulver in den Mixtopf geben und 20 Min./100 °C/Linkslauf/Stufe 1 köcheln lassen.
6. Mit Salz und Pfeffer abschmecken und mit den frisch gehackten Kräutern servieren.

# Champignoncremesuppe

*Für 2 Portionen*
***Pro Portion: 3 Punkte • 89 kcal • 4 g KH • 5,8 g F • 4,7 g P***

2 Stängel Petersilie
300 g Champignons
1 TL Halbfettbutter
400 g Wasser
1 EL Gemüsebrühepulver
100 g fettreduzierte Sahne (Kochsahne 7 % Fett)
1 EL Zitronensaft
Salz, Pfeffer

1. Petersilie waschen, trocken schütteln und klein zupfen. Nach Wunsch etwas zum Garnieren beiseitelegen. Trockenen Mixtopf einsetzen und das Messer 5 Sek./Stufe 6 laufen lassen. Die Petersilie durch die Mixtopf-Öffnung einrieseln und zerkleinern lassen.
2. Champignons putzen, nach Wunsch einige Champignons in Scheiben schneiden und zum Garnieren beiseitelegen. Den Rest in den Mixtopf geben und 5 Sek./Stufe 5 zerkleinern. Mit dem Spatel nach unten schieben.
3. Butter hinzufügen und 5 Min./Varoma/Stufe 1 dünsten.
4. Wasser, Gemüsebrühepulver, Sahne, Zitronensaft, Salz und Pfeffer zu den anderen Zutaten in den Mixtopf füllen und 10 Min./100 °C/Stufe 2 köcheln lassen.
5. Danach 10 Sek./Stufe 2–8 ansteigend pürieren und noch mal kurz für 2 Min./100 °C/Stufe 3 aufkochen.
6. Sollte die Suppe noch zu stückig sein, noch mal kurz auf hoher Stufe durchpürieren.
7. Nach Belieben mit Champignonscheiben und frischer Petersilie bestreuen und servieren

# Kürbissuppe

*Für 2 Portionen*
***Pro Portion: 1 Punkt • 98 kcal • 15,5 g KH • 3,5 g F • 4,4 g P***

400 g Kürbis (Hokkaido oder Butternut)
1 Zwiebel
1 Knoblauchzehe
1 Karotte
1 TL Öl
500 g Wasser
1 EL Gemüsebrühepulver
Salz, Pfeffer
Muskatnuss, gemahlen

1. Kürbis schälen, entkernen und in Stücke schneiden.
2. Zwiebel und Knoblauch abziehen, in den Mixtopf geben und 5 Sek./Stufe 5 zerkleinern.
3. Karotte waschen, schälen, in Stücke schneiden, in den Mixtopf hinzufügen und 5 Sek./Stufe 6 zerkleinern. Mit dem Spatel nach unten schieben.
4. Öl hinzufügen und 5 Min./Varoma/Stufe 1 dünsten.
5. Kürbisstücke einwiegen, 5 Min./Varoma/Linkslauf/Stufe 2 mitdünsten.
6. Wasser einwiegen, Gemüsebrühepulver und Gewürze hinzufügen. Alles 12 Min./100 °C/Linkslauf/Stufe 2 köcheln lassen.
7. Danach für 15 Sek./Stufe 2–8 schrittweise ansteigend pürieren.

*Tipp:*
Mit frischen Kräutern bestreut servieren.

# Linsensuppe

*Für 2 Portionen*
***Pro Portion:** 1 Punkt • 264 kcal • 39,4 g KH • 3,3 g F • 13,8 g P*

100 g Linsen
1 Schalotte (oder ½ Zwiebel)
1 TL Olivenöl
1 Karotte
1 Kartoffel, mehlig kochend
300 g Wasser (zum Einweichen) + 200 ml zum Kochen
1 EL Gemüsebrühepulver
1 EL weißer Balsamicoessig
Salz, Pfeffer

1. Linsen über Nacht in 300 ml Wasser einweichen. (Falls die Linsen nicht eingeweicht wurden, erhöht sich die Garzeit um ca. 10–15 Min.)
2. Schalotte abziehen, halbieren, in den Mixtopf geben und 5 Sek./Stufe 5 zerkleinern.
3. Öl hinzufügen und 3 Min./Varoma/Stufe 1 dünsten.
4. Karotte waschen, schälen, in Scheiben schneiden. Kartoffel waschen, schälen und würfeln.
5. Karotten- und Kartoffelstücke in den Mixtopf hinzufügen.
6. Linsen mit 300 g Einweichwasser, weiteren 200 ml Wasser, Gemüsebrühepulver, Essig, Salz und Pfeffer einfüllen und 20 Min./100 °C/Linkslauf/Stufe 2 garen, evtl. noch mal abschmecken oder ganz kurz anpürieren.

*Tipp:*
Durch die mehlige Kartoffel wird die Linsensuppe schön sämig. Mit frischer Petersilie servieren.

# SALATE

## Thunfisch-Gurken-Salat

*Für 2 Portionen*

***Pro Portion: 0 Punkte • 116 kcal • 4,4 g KH • 1,7 g F • 21,2 g P***

150 g Thunfisch im eigenen Saft
1 Gurke
2 EL fettreduzierter Joghurt, Natur, max. 0,5 % Fett
1 EL Zitronensaft
1 Prise Erythrit (oder Süßungsmittel nach Wahl)
Salz, Pfeffer

1. Thunfisch in einem Sieb abtropfen lassen. Gurke waschen, schälen und würfeln.
2. Gurkenstücke, Thunfisch, Joghurt, Zitronensaft, Erythrit, Salz und Pfeffer in den Mixtopf geben und 30 Sek./Linkslauf/Stufe 3 verrühren.

*Tipp:*
Mit frischem Schnittlauch servieren.

# Spinatsalat mit Wassermelone und Hirtenkäse

*Für 2 Portionen*

***Pro Portion: 3 Punkte • 264 kcal • 27,6 g KH • 9,1 g F • 14,6 g P***

200 g frischer Blattspinat
500 g Wassermelone
1 Kiwi
100 g fettreduzierter Hirtenkäse
3 Stängel Basilikum
1 EL weißer Balsamicoessig
Salz, Pfeffer
1 Prise Süßungsmittel, z. B. Erythrit
1 TL Olivenöl

1. Blattspinat putzen und abtropfen lassen. Wassermelone und Kiwi schälen und in Würfel schneiden. Hirtenkäse in kleine Stücke schneiden.
2. Blattspinat, 400 g Wassermelone und Hirtenkäse in eine Schüssel geben.
3. Basilikum waschen, trocken schütteln und klein zupfen. Mixtopf einsetzen und das Messer 5 Sek./Stufe 6 laufen lassen. Basilikum durch die Mixtopf-Öffnung einrieseln und zerkleinern lassen.
4. Restliche Wassermelonenwürfel, Essig, Gewürze, Süßungsmittel und Olivenöl hinzufügen und 5 Sek./Stufe 8 mixen.
5. Dressing zum Salat geben und gut durchmischen, kurz durchziehen lassen und servieren.

## Tipp:

Eine Kiwi in Blumenform schneiden und den Salat damit dekorieren.

# Bohnen-Erbsen-Mais-Salat

*Für 2 Portionen*

***Pro Portion: 1 Punkt • 595 kcal • 73 g KH • 8,4 g F • 38,6 g P***

280 g Erbsen (1 Dose, Abtropfgewicht)
240 g weiße Riesenbohnen (1 Dose, Abtropfgewicht)
240 g rote Kidneybohnen (1 Dose, Abtropfgewicht)
280 g Mais (1 Dose, Abtropfgewicht)
1 Bund Kerbel
200 g fettreduzierter Joghurt, Natur, max. 0,5 % Fett
2 EL Zitronensaft
Salz, Pfeffer,
1 TL Olivenöl

1. Erbsen, Bohnen und Mais abtropfen lassen.
2. Kerbel waschen, trocken schütteln und zurechtzupfen. Trockenen Mixtopf einsetzen und das Messer 5 Sek./Stufe 6 laufen lassen. Kerbel durch die Mixtopf-Öffnung einrieseln und zerkleinern lassen. Mit dem Spatel nach unten schieben.
3. Naturjoghurt zum Kerbel in den Mixtopf einwiegen.
4. Zitronensaft, Salz, Pfeffer und Olivenöl hinzufügen und 15 Sek./Stufe 3 zu einem Dressing verrühren.
5. Erbsen, Bohnen und Mais in den Mixtopf zum Dressing geben und 10 Sek./Linkslauf/Stufe 0,5 vermengen.

# Salat mit Süßkartoffeln, Oliven und Avocadomus

*Für 2 Portionen*

***Pro Portion: 10 Punkte • 261 kcal • 27 g KH • 11,5 g F • 7,1 g P***

1 Knoblauchzehe
1 Avocado (ca. 150 g Fruchtfleisch)
1 EL Skyr, Natur, max. 0,2 % Fett
4 EL Zitronensaft
Salz, Pfeffer
1 Prise Erythrit (oder Süßungsmittel nach Wahl)
200 g Süßkartoffel
500 g Wasser
1 TL Salz (oder Gemüsebrühepulver)
250 g Rucola
1 EL Sprossen nach Wahl, z. B. Mungobohnensprossen
1 EL grüne Oliven

1. Knoblauchzehe abziehen, in den Mixtopf geben.
2. Avocado halbieren, entkernen, Fruchtfleisch mit einem Löffel aus der Schale lösen und zum Knoblauch in den Mixtopf geben.
3. Skyr, 2 EL Zitronensaft, Salz, Pfeffer und Erythrit hinzufügen und 10 Sek./Stufe 7 zu einem cremigen Mus verarbeiten und in eine Schüssel umfüllen. Mixtopf säubern.
4. Süßkartoffel waschen, schälen, in Würfel schneiden und in den Varoma legen.
5. Wasser und Salz in den Mixtopf einfüllen, Varoma aufsetzen und Süßkartoffelstücke 15 Min./Varoma/Stufe 2 garen.
6. Währenddessen Rucola und Sprossen waschen und abtropfen lassen.
7. Rucola und grüne Oliven klein schneiden und in einer Schüssel vermischen.
8. 2 EL Zitronensaft, Erythrit, Salz und Pfeffer hinzufügen und gut vermengen.
9. Die gedünsteten Süßkartoffelwürfel und das Avocadomus auf dem Salat anrichten und mit den frischen Sprossen bestreuen.

*Tipp:*

Mit Sesam, frisch gemahlenem schwarzen Pfeffer oder Chiliflocken bestreut servieren.

# Salat mit Kürbis und Popcorn

*Für 2 Portionen*
***Pro Portion: 3 Punkte • 401 kcal • 51,6 g KH • 8,2 g F • 27,5 g P***

½ Hokkaido-Kürbis (ca. 500 g)
1 TL Olivenöl
Salz, Pfeffer
5 Stängel Petersilie
250 g Magerquark
100 g fettreduzierter Joghurt, Natur, max. 0,5 % Fett
1 TL Honig
250 g frischer Blattspinat (oder Salat nach Wahl)
20 g Popcorn (am besten selbst zubereitet ohne Zucker, Salz oder Fett)

1. Backofen auf 180 °C Umluft vorheizen.
2. Kürbis waschen, Kerne entfernen und in Scheiben schneiden.
3. Öl mit Salz und Pfeffer vermischen und Kürbisschnitze damit beidseitig bestreichen. Auf ein mit Backpapier ausgelegtes Backblech geben und ca. 30 Min. im Ofen backen.
4. Währenddessen Petersilie waschen, trocken schütteln und klein zupfen. Das Messer 5 Sek./Stufe 6 laufen lassen und die Petersilie durch die Mixtopf-Öffnung einrieseln lassen und zerkleinern.
5. Magerquark und Joghurt dazu wiegen, Honig, Salz und Pfeffer hinzufügen. 30 Sek./Stufe 4 cremig aufrühren. Danach im Kühlschrank durchziehen lassen, bis die Kürbisspalten fertig gebacken sind.
6. Blattspinat waschen, verlesen und abtropfen lassen.
7. Den fertig gegarten Kürbis und das Popcorn auf dem Blattspinat anrichten und mit dem Quark-Joghurt-Dressing servieren.

# Rote-Bete-Rohkostsalat

*Für 2 Portionen*

***Pro Portion: 2 Punkte • 164 kcal • 16 g KH • 8,8 g F • 3,3 g P***

1 Schalotte (oder ½ kleine Zwiebel)
250 g Rote Bete (roh)
1 EL Walnüsse
2 EL Balsamicoessig, weiß
1 TL Olivenöl
½ TL Honig (oder Süßungsmittel nach Wahl, z. B. Erythrit)
1 TL Meerrettich (Sahne- oder Tafelmeerrettich, je nach gewünschter Schärfe)
Salz, Pfeffer

1. Schalotte abziehen, halbieren, in den Mixtopf geben und 5 Sek./Stufe 5 zerkleinern.
2. Rote Bete waschen, schälen, in Würfel schneiden und in den Mixtopf geben.
3. Walnüsse grob auseinanderzupfen und zusammen mit Essig, Öl, Honig, Meerrettich und Gewürzen in den Mixtopf hinzufügen. 3 Sek./Stufe 5 zerkleinern, mit dem Spatel nach unten schieben. Ggf. wiederholen, bis die gewünschte Konsistenz erreicht ist.
4. Mindestens 10 Min. durchziehen lassen.

*Tipp:*
Beim Vorbereiten der Roten Bete am besten Einmalhandschuhe anziehen, da sie sehr abfärben.
Sie können auch gekochte Rote Bete zu diesem Salat verarbeiten.

# Beeriger Blattspinat-Salat

*Für 2 Portionen*
***Pro Portion: 3 Punkte • 229 kcal • 14,7 g KH • 8,3 g F • 20 g P***

400 g frischer Blattspinat (oder Salat nach Wahl)
100 g Brombeeren
50 g weiße Johannisbeeren
50 g Physalis
100 g fettreduzierter Hirtenkäse
4 Stängel Basilikum
150 g Sojajoghurt, Natur
2 EL Essig z. B. weißer Balsamico
Salz, Pfeffer

1. Blattspinat waschen, verlesen und abtropfen lassen. Beeren waschen und abtropfen lassen. Die Blätter der Physalis entfernen, Früchte waschen und abtrocknen.
2. Hirtenkäse in kleine Stücke schneiden und zusammen mit Blattspinat, Beeren und Physalis in eine Schüssel geben.
3. Basilikum waschen, trocken schütteln und klein zupfen. Mixtopf einsetzen und das Messer 5 Sek./Stufe 6 laufen lassen. Basilikum durch die Mixtopf-Öffnung einrieseln und zerkleinern lassen.
4. Joghurt zum Basilikum in den Mixtopf einwiegen, Essig, Salz und Pfeffer hinzufügen und 10 Sek./Stufe 5 mixen.
5. Den Salat mit dem Dressing anrichten und genießen.

# VEGETARISCH UND VEGAN

## Griechisches Rührei

*Für 2 Portionen*
***Pro Portion: 4 Punkte • 323 kcal • 10,3 g KH • 19,5 g F • 24,4 g P***

½ Zwiebel
1 TL Olivenöl
4 Eier
Salz, Pfeffer (frisch gemahlen)
100 g Blattspinat
1 Paprika
40 g grüne Oliven
100 g Feta, 25 Fett i. Tr. (9 % Fett absolut)
1 Frühlingszwiebel
Salz, Pfeffer

1. Zwiebel abziehen, in den Mixtopf geben 5 Sek./Stufe 5 zerkleinern. Mit dem Spatel nach unten schieben.
2. Öl hinzufügen und 2,5 Min./100 °C/Stufe 1 andünsten.
3. Eier, Salz und Pfeffer in den Mixtopf geben und 6 Min./100 °C/Stufe 1 garen.
4. Währenddessen Blattspinat verlesen und abtropfen lassen. Paprika waschen, entkernen und würfeln. Oliven halbieren. Feta würfeln. Frühlingszwiebel putzen und in Röllchen schneiden.
5. Zum Servieren alles in Gläser schichten und mit Salz und Pfeffer würzen. Vor dem Verzehr durchmischen.

# Gebackene Süßkartoffeln mit Tzatziki

*Für 2 Portionen*

***Pro Portion: 8 Punkte • 286 kcal • 47,2 g KH • 2,9 g F • 17,6 g P***

1-2 Süßkartoffeln (ca. 400 g)
1 TL Öl, z. B. Olivenöl
Salz, Pfeffer
2 Knoblauchzehen
150 g Salatgurke
250 g Skyr, Natur, max. 0,2 % Fett (alternativ: Magerquark)
1 EL Essig

1. Backofen auf 180 °C Umluft vorheizen.
2. Süßkartoffeln waschen und abtrocknen.
3. Öl, Salz und Pfeffer verrühren und die Süßkartoffeln damit rundherum bepinseln, danach mit einer Gabel 2–3 Mal einstechen. Auf ein mit Backpapier ausgelegtes Backblech geben. Im Backofen je nach Größe ca. 40–45 Min. backen.
4. Knoblauch abziehen, in den Mixtopf geben und 5 Sek./Stufe 5 zerkleinern.
5. Gurke waschen, schälen in grobe Stücke schneiden, zum Knoblauch in den Mixtopf hinzufügen und 5 Sek./Stufe 6 zerkleinern.
6. Skyr, Essig und Salz hinzugeben und 5 Sek./Linkslauf/Stufe 3 verrühren.
7. Gebackene Süßkartoffeln mit Dip anrichten.

*Tipp:*
Mit frischen Kräutern bestreut servieren. Dazu schmecken frische Tomaten oder Gurken.

# Zucchini-Karotten-Rösti

*Für 2 Portionen*

***Pro Portion: 4 Punkte • 238 kcal • 12,3 g KH • 12,2 g F • 18 g P***

20 g Parmesan
1 Zucchini (ca. 400 g)
1 Knoblauchzehe
2 Karotten (ca. 200 g)
1 Ei
75 g Feta, 25 Fett i. Tr. (9 % Fett absolut)
Salz, Pfeffer, Muskatnuss, gemahlen
1 TL Öl

1. Parmesan in den Mixtopf geben und 5 Sek./Stufe 8 zerkleinern und in eine Schüssel umfüllen.
2. Zucchini waschen, in grobe Stücke schneiden, in den Mixtopf geben und 6 Sek./Stufe 5 zerkleinern. Danach in ein Küchentuch geben und das Wasser ausdrücken.
3. Knoblauchzehe abziehen und in den Mixtopf geben.
4. Karotten waschen, schälen und in grobe Stücke schneiden, zum Knoblauch hinzufügen und 5 Sek./Stufe 5 zerkleinern.
5. Zucchiniraspel, Parmesan und Ei in den Mixtopf geben, Feta hinzubröseln und 15 Sek./Linkslauf/Stufe 3 vermengen und würzen.
6. Öl in einer Pfanne erhitzen, die Masse mit einem Löffel in der Pfanne zu kleinen Talern formen und ausbacken.

## Tipp:

Dazu schmeckt Kräuterquark oder Tsatsiki.

# Gemüsenudeln mit Avocadocreme

*Für 2 Portionen*
***Pro Portion: 8 Punkte • 265 kcal • 13,3 g KH • 16,1 g F • 11,3 g P***

1 Avocado (ca. 150 g Fruchtfleisch)
Salz, Pfeffer
2 EL Zitronensaft
200 g Karotten
300 g Zucchini
1 TL Öl (oder alternativ etwas Wasser oder Gemüsebrühe)
50 g fettreduzierter Käse

1. Avocado halbieren, entkernen, Fruchtfleisch mit einem Löffel aus der Schale lösen und in den Mixtopf füllen.
2. Salz, Pfeffer und 1 EL Zitronensaft zum Avocado-Fruchtfleisch in den Mixtopf geben und 10 Sek./Stufe 6 zu einem cremigen Mus verrühren.
3. Karotten waschen, schälen und mit einem Spiralschneider in Nudelform schneiden. Zucchini waschen, abtrocknen und ebenfalls zu Gemüsenudeln schneiden.
4. Öl in einer Pfanne erhitzen und die Gemüsenudeln kurz anbraten. Mit Salz, Pfeffer und restlichem Zitronensaft würzen.
5. Nach Wunsch Avocadocreme kurz mit in die Pfanne geben und unter die Gemüsenudeln rühren.
6. Käse in kleine Streifen schneiden.
7. Avocadocreme und Käsestreifen auf die Gemüsenudeln geben und servieren.

*Tipp:*
Mit frisch gehacktem Basilikum bestreuen.

# Gebackene Pastinaken mit Sour Cream

*Für 2 Portionen*

***Pro Portion: 5 Punkte • 296 kcal • 38,7 g KH • 8,4 g F • 11,1 g P***

500 g Pastinaken
1 TL Olivenöl
1 EL Honig
Salz, Pfeffer
1 Zweig Rosmarin
3 Stängel Petersilie
5 Stängel Schnittlauch
100 g Magerquark
1 EL Wasser
100 g saure Sahne (Sauerrahm), 10 % Fett
Öl zum Fetten der Auflaufform/alternativ Backpapier

1. Backofen auf 180 °C Umluft vorheizen.
2. Pastinaken waschen, schälen, der Länge nach in Scheiben schneiden und in eine gefettete Auflaufform geben.
3. Öl, Honig, Salz und Pfeffer verrühren und die Pastinaken damit bepinseln.
4. Rosmarin waschen, trocken schütteln, zurechtzupfen und auf die Pastinaken verteilen.
5. Auflaufform in den Ofen schieben und ca. 20–25 Min. backen.
6. Währenddessen Petersilie und Schnittlauch waschen, trocken schütteln und klein zupfen. Das Messer 5 Sek./Stufe 6 laufen lassen und die Kräuter durch die Mixtopf-Öffnung einrieseln und zerkleinern lassen.
7. Magerquark, Wasser und saure Sahne zu den gehackten Kräutern einwiegen und 10 Sek./Stufe 3 vermischen.
8. Gebackene Pastinaken mit Sour Cream servieren.

# Gefüllte Portobello-Pilze

*Für 2 Portionen*

***Pro Portion: 4 Punkte • 237 kcal • 10,9 g KH • 10,1 g F • 18,3 g P***

4 Portobello-Pilze (große Champignons)
Salz, Pfeffer
150 g Rucola
3 Stängel Basilikum
1 Zwiebel
4 Tomaten
1 TL Öl, z. B. Olivenöl
50 g Parmesan (gehobelt)
Öl zum Fetten der Auflaufform, alternativ Backpapier

1. Backofen auf 180 °C Umluft vorheizen.
2. Pilze putzen und trocken tupfen.
3. Die Innenseite der Pilze mit Salz und Pfeffer würzen und in eine gefettete Auflaufform geben.
4. Rucola waschen, verlesen und abtropfen lassen, klein zupfen. Die Pilze damit füllen.
5. Basilikum waschen, trocken schütteln und Blätter abzupfen. Trockenen Mixtopf einsetzen und das Messer 5 Sek./Stufe 6 laufen lassen. Basilikumblätter durch die Mixtopf-Öffnung einrieseln und zerkleinern lassen.
6. Zwiebel abziehen, halbieren und zum Basilikum in den Mixtopf füllen.
7. Tomaten waschen, Strunk entfernen und vierteln und alles 5 Sek./Stufe 5 zerkleinern. Mit dem Spatel nach unten schieben.
8. Salz, Pfeffer und Öl hinzufügen und 5 Sek./Stufe 2 zu einer stückigen Masse vermischen.
9. Die Tomatenmasse auf die Pilze geben und mit gehobeltem Parmesan bestreuen.
10. Im Ofen ca. 15–20 Min. backen.

*Tipp:*

Den Parmesan kann man auch mit dem Thermomix® zerkleinern: dazu am Stück in den Mixtopf geben und 5 Sek./Stufe 8 zerkleinern.

# Vegetarisches Curry

*Für 2 Portionen*

***Pro Portion: 9 Punkte • 396 kcal • 51,6 g KH • 11 g F • 13,6 g P***

500 g Wasser
1 TL Gemüsebrühepulver
60 g Reis
ca. 1 cm Ingwerwurzel
1 Karotte
1 rote Paprika
1 TL Olivenöl
150 g Brokkoli
200 g Blumenkohl
10 g Cashewnüsse
50 g Mais (Dose)
50 g Erbsen (Dose)
1 TL Honig
1 TL Currypaste
2 EL Zitronensaft
120 g fettreduzierte Kokosmilch
2 EL Currypulver
Salz, Pfeffer
100 g Mango

1. Reis in den Gareinsatz geben und mit fließendem Wasser die Reisstärke abspülen.
2. Wasser und Gemüsebrühepulver in den Mixtopf geben, Gareinsatz einhängen und Reis 10–15 Min./100 °C/Stufe 1 garen (Garzeit ist abhängig vom Produkt, z.B. 10-Min.-Reis). Reis abseihen, Kochwasser in einen Messbecher gießen und den Reis umfüllen und warm halten. Alternativ kann der Reis auch im Topf gekocht werden, während man das Curry im Thermomix® zubereitet.
3. Ingwer schälen und hacken. Karotte waschen, schälen und in Scheiben schneiden. Paprika waschen, Strunk entfernen, entkernen und würfeln.
4. Karotte und Paprika mit Ingwer und Olivenöl in den Mixtopf geben und für 5 Min./Varoma/Linkslauf/Stufe 1 dünsten.
5. Währenddessen Brokkoli und Blumenkohl putzen und in mundgerechte Stücke schneiden.
6. Brokkoli, Blumenkohl, Cashewnüsse, Mais, Erbsen, Honig, Currypaste, Zitronensaft, Kokosmilch und Gewürze hinzufügen und 200 ml des Reis-Kochwassers einwiegen, 12 Min./100 °C/Linkslauf/Stufe 2 köcheln lassen.
7. Mango schälen, halbieren und würfeln.
8. Nach der Kochzeit Mangowürfel hinzufügen und 2 Min./100 °C/Linkslauf/Stufe 2 untermischen.
9. Curry mit Reis anrichten.

*Tipp:*
Mit frisch gehackter Petersilie servieren.

# Gemüse-Mozzarella-Spieße

*Für 2 Portionen*
***Pro Portion: 3 Punkte • 229 kcal • 18,7 g KH • 6,5 g F • 17,5 g P***

1 Karotte
100 g Champignons
10 Cherrytomaten
150 g fettreduzierter Mini-Mozzarella
1 gelbe Paprika
1 grüne Paprika
1 rote Paprika
½ Aubergine
500 g Wasser
1 TL Gemüsebrühepulver

1. Karotte waschen, schälen und in Scheiben schneiden. Champignons putzen und in Scheiben schneiden. Cherrytomaten waschen und abtrocknen.
2. Mini-Mozzarella abtropfen lassen.
3. Paprika waschen, Strunk und Kerne entfernen und in kleine Stücke schneiden. Aubergine waschen, in Scheiben schneiden und diese vierteln.
4. Karotte, Champignons, Paprika und Aubergine zusammen mit dem Mini-Mozzarella und Cherrytomaten in bunter Reihenfolge auf Holzspieße stecken.
5. Backpapier kurz nass machen und gut auswringen, im Varoma-Einlegeboden ausbreiten und die Spieße darauf verteilen.
6. Wasser und Gemüsebrühepulver in den Mixtopf geben und Varoma aufsetzen. Je nachdem, wie bissfest Sie die Gemüsespieße haben möchten, 20–25 Min./Varoma/Stufe 1 garen lassen.

*Tipp:*
Dazu schmeckt z. B. ein leckerer Paprika-Dip (S. 93).

# Brokkoli- und Blumenkohlsteaks mit Guacamole

*Für 2 Portionen*

***Pro Portion: 6 Punkte • 249 kcal • 14,2 g KH • 10,2 g F • 14,6 g P***

1 Blumenkohl (ca. 500 g)
1 Brokkoli (ca. 400 g)
1 ½ Zitronen
5 Stängel Petersilie
1 Avocado (ca. 150 g Fruchtfleisch)
Salz, Pfeffer

1. Ofen auf 180 °C Umluft vorheizen.
2. Blumenkohl und Brokkoli putzen, trocken tupfen und vorsichtig in ca. 2 cm dicke Scheiben schneiden und auf ein mit Backpapier ausgelegtes Backblech legen.
3. Zitronen auspressen.
4. Petersilie waschen, trocken schütteln und klein zupfen. Trockenen Mixtopf einsetzen und das Messer 5 Sek./Stufe 6 laufen lassen. Die Petersilie durch die Mixtopf-Öffnung einrieseln und zerkleinern lassen.
5. 2/3 des Zitronensafts zur Petersilie in den Mixtopf füllen und 5 Sek./Stufe 2 vermischen.
6. Zitronen-Petersilien-Marinade über die Blumenkohl- und Brokkolistücke geben und alles zusammen im Ofen für 25–30 Min. backen.
7. Währenddessen die Guacamole zubereiten. Dafür die Avocado halbieren, entkernen, Fruchtfleisch mit einem Löffel aus der Schale lösen und in den Mixtopf füllen.
8. Salz, Pfeffer und restlichen Zitronensaft zum Avocado-Fruchtfleisch in den Mixtopf geben, 10 Sek./Stufe 5 zu einer leckeren Creme verrühren und durchziehen lassen, bis die Blumenkohl- und Brokkolisteaks durchgegart sind.

# Veganes Curry

*Für 2 Portionen*

***Pro Portion: 11 Punkte • 353 kcal • 48,3 g KH • 10,4 g F • 13,5 g P***

1 rote Zwiebel
2 Knoblauchzehen
1 TL Öl, z. B. Rapsöl
1 rote Bete (ca. 300 g)
½ Fenchel
2 Kartoffeln
200 g Erbsen (gekocht, Dose)
200 g fettreduzierte Kokosmilch
150 g Wasser
1 TL Gemüsebrühepulver
Salz, Pfeffer (alternativ Chilisalz)

1. Zwiebel und Knoblauch abziehen und im Mixtopf 5 Sek./Stufe 5 zerkleinern.
2. Öl hinzufügen und 5 Min./Varoma/ Stufe 1 dünsten.
3. Rote Bete, Fenchel und Kartoffeln waschen, schälen und würfeln.
4. Gemüsewürfel in den Mixtopf geben und 5 Min./Varoma/Linkslauf/Stufe 1 mitdünsten.
5. Kokosmilch, Wasser, Gemüsebrühepulver und Gewürze hinzufügen und 20 Min./100 °C/Linkslauf/Stufe 1 köcheln lassen.
6. In den letzten 3 Min. der Garzeit die Erbsen durch die Mixtopf-Öffnung einfüllen.

## Tipp:

Vor dem Servieren mit frischem Basilikum bestreuen.

# MIT FLEISCH, WURST UND SCHINKEN

## Deftige Pfannkuchen

*Für 2 Portionen*

***Pro Portion: 7 Punkte • 384 kcal • 34,6 g KH • 16,4 g F • 23,6 g P***

125 g gekochter Schinken (ohne Fettrand)
3 Eier
100 g fettarme Milch, 1,5 % Fett
½ TL Salz
80 g Mehl
1 TL Butter

1. Gekochten Schinken in Streifen oder Würfel schneiden.
2. Eier, Milch und Salz im Mixtopf 15 Sek./Stufe 4 verrühren.
3. Mehl zufügen und 15 Sek./Stufe 4 untermengen.
4. Schinkenstreifen zum Teig geben und 10 Sek./Linkslauf/Stufe 3 vermischen.
5. Butter in einer Pfanne erhitzen und deftige Pfannkuchen nacheinander ausbacken.

# Hackbällchen in Tomatensauce mit Blumenkohlpüree

*Für 2 Portionen*

***Pro Portion: 10 Punkte • 480 kcal • 15,6 g KH • 27,5 g F • 35 g P***

20 g Parmesan
5 Stängel Petersilie
1 Zwiebel
1 Knoblauchzehe
200 g gemischtes Hackfleisch
1 Ei
1 EL Tomatenmark
1 TL mittelscharfer Senf
Salz, Pfeffer, Paprikapulver edelsüß
1 TL Öl, z. B. Olivenöl
400 g gehackte Tomaten (1 Dose)
1 TL Gemüsebrühepulver
500 g Blumenkohl
500 ml Wasser
1 TL Halbfettbutter
Muskatnuss, gemahlen

1. Parmesan in den Mixtopf geben, 5 Sek./Stufe 7 zerkleinern und in eine Schüssel umfüllen.
2. Petersilie waschen, trocken schütteln und klein zupfen. Mixtopf einsetzen und das Messer 5 Sek./Stufe 6 laufen lassen. Die Petersilie durch die Mixtopf-Öffnung einrieseln und zerkleinern lassen.
3. Zwiebel und Knoblauch abziehen, Zwiebel halbieren, beides in den Mixtopf geben und 5 Sek./Stufe 5 zerkleinern.
4. Die Hälfte der gehackten Zwiebel und Petersilie herausnehmen und in eine Schüssel für die Sauce umfüllen.
5. Den Rest im Mixtopf belassen. Hackfleisch, Parmesanraspel, Ei, Tomatenmark, Senf und Gewürze hinzufügen und 30 Sek./Knetmodus vermengen. Aus der Masse kleine Bällchen formen. Mixtopf säubern.
6. Blumenkohl putzen und in Röschen teilen, evtl. noch etwas kleiner schneiden, das verkürzt die Garzeit.
7. Wasser und eine Prise Salz in den Mixtopf geben.
8. Blumenkohlröschen in den Varoma-Einlegeboden geben und den geschlossenen Varoma auf den Mixtopf setzen. Für 25 Min./Varoma/Stufe 1 garen.
9. Nach ca. 10 Min. Garzeit des Blumenkohls Öl in einer Pfanne erhitzen und die Hackbällchen darin von allen Seiten scharf anbraten.
10. Gehackte Tomaten, restliche gehackte Zwiebel und Petersilie, Gemüsebrühepulver, Salz, Pfeffer und Paprikapulver vermengen und zu den Hackbällchen in die Pfanne geben. 15 Min. bei mittlerer Temperatur köcheln lassen (am besten mit einem Deckel abgedeckt).
11. Wasser aus dem Mixtopf wegschütten und gegarten Blumenkohl hineingeben, Butter einwiegen und 15 Sek./Stufe 8 pürieren. Mit Salz und Muskatnuss abschmecken.
12. Hackbällchen mit Sauce und Blumenkohlpüree anrichten.

# Schweinekotelett mit Selleriepüree und grünen Bohnen

*Für 2 Portionen*

***Pro Portion: 9 Punkte • 386 kcal • 19,3 g KH • 15 g F • 37,1 g P***

400 g grüne Bohnen
400 g Sellerie
600 g Gemüsebrühe
2 Schweinekoteletts (gesamt ca. 250 g)
2 TL Halbfettbutter
250 g Champignons
200 g fettreduzierte Sahne (Kochsahne, 7 % Fett)
Salz, Pfeffer, Muskatnuss gemahlen

1. Bohnen putzen und im Varoma verteilen.
2. Sellerie waschen, schälen und in grobe Würfel schneiden, im Varoma-Einlegeboden verteilen.
3. 500 g Gemüsebrühe in den Mixtopf einwiegen, Varoma aufsetzen und das Gemüse 20 Min./Varoma/Stufe 2 garen.
4. Währenddessen Kotelett abwaschen, trocken tupfen und würzen.
5. 1 TL Butter in einer Pfanne erhitzen und die Koteletts durchbraten, warm stellen.
6. Champignons putzen, in Scheiben schneiden und in die Pfanne geben. Scharf anbraten, dann mit 150 g Sahne und 100 g Gemüsebrühe ablöschen und ca. 5–8 Min. bei mittlerer Hitze köcheln lassen.
7. Bohnen aus dem Varoma nehmen und warm stellen.
8. Mixtopf entleeren und die Selleriewürfel einfüllen.
9. 50 g Sahne, 1 TL Butter und Gewürze hinzufügen und 30 Sek./Stufe 8 pürieren, evtl. nochmals abschmecken.
10. Koteletts mit Selleriepüree, Bohnen und Champignonrahmsauce servieren.

# Gulasch mit gedünstetem Gemüse

*Für 2 Portionen*
***Pro Portion: 3 Punkte • 314 kcal • 38,6 g KH • 7,7 g F • 18,2 g P***

2 rote Zwiebeln
1 rote Paprika
1 gelbe Paprika
1 Zucchini
1 EL TK-Kräuter
1 TL Olivenöl
300 g Gulasch (z. B. vom Rind)
2 EL Tomatenmark
500 g Wasser
1 EL Gemüsebrühepulver
Salz, Pfeffer
1 TL Paprikapulver, edelsüß

1. Zwiebeln abziehen. Eine Zwiebel halbieren und in dicke Scheiben schneiden.
2. Paprika waschen, Strunk entfernen, entkernen und in Streifen schneiden. Zucchini waschen und in Scheiben schneiden.
3. Gemüse im Varoma verteilen, die TK-Kräuter darüberstreuen und kurz vermengen.
4. Die zweite Zwiebel in den Mixtopf geben und 5 Sek./Stufe 5 zerkleinern.
5. Öl hinzufügen und 3 Min./Varoma/Stufe 1 dünsten.
6. Fleisch und Tomatenmark hinzufügen und 5 Min./Linkslauf/100 °C/Stufe 1 weiter dünsten.
7. Wasser, Gemüsebrühepulver und Gewürze hinzufügen, Varoma aufsetzen und alles 30 Min./Linkslauf/Varoma/Stufe 1 garen.
8. Gemüse vor dem Servieren mit Salz und Pfeffer würzen und noch mal gut durchmischen. Gulasch auf Gemüsebett servieren.

# Gefüllte Zucchini mit Tomatensoße

*Für 2 Portionen*

***Pro Portion: 6 Punkte • 385 kcal • 16,3 g KH • 18,4 g F • 36,2 g P***

5 Stängel Petersilie
1 Stängel Basilikum
2 Zwiebeln
1 Knoblauchzehe
250 g Putenhackfleisch
1 Ei
1 EL Tomatenmark
Salz, Pfeffer, Paprikapulver
1 Zucchini (groß)
500 g Wasser
400 g gehackte Tomaten
1 TL Gemüsebrühepulver
50 g Feta, 25 Fett i. Tr. (9 % Fett absolut)

1. Petersilie und Basilikum waschen, trocken schütteln und klein zupfen. Das Messer 5 Sek./Stufe 6 laufen lassen und währenddessen die Kräuter durch die Mixtopf-Öffnung einrieseln und zerkleinern lassen.
2. Zwiebeln und Knoblauchzehe abziehen, Zwiebeln halbieren, mit der Knoblauchzehe in den Mixtopf geben und 5 Sek./Stufe 6 zerkleinern. Mit dem Spatel nach unten schieben. Etwa 2 EL der Zwiebel-Kräuter-Mischung für die Sauce entnehmen, den Rest im Mixtopf belassen.
3. Putenhackfleisch einwiegen, Ei, Tomatenmark und Gewürze hinzufügen. 30 Sek./Knetmodus vermengen.
4. Zucchini waschen, der Länge nach halbieren und aushöhlen. Das Zucchini-Fruchtfleisch in Stücke schneiden und für die Sauce zurücklegen.
5. Hackmasse in die Zucchinihälften verteilen und diese nebeneinander in den Einlegeboden des Varoma legen. Mixtopf säubern.
6. Wasser einwiegen und Varoma aufsetzen. Gefüllte Zucchini im Varoma für 20 Min./Varoma/Stufe 1 garen.
7. Varoma absetzen und Wasser aus Mixtopf schütten.
8. Gehackte Tomaten, Gemüsebrühepulver, Zucchini-Fruchtfleisch, Salz, Pfeffer und die restliche Petersilie-Zwiebel-Knoblauchmischung in den Mixtopf geben und 5 Sek./Stufe 4 vermischen.
9. Varoma wieder aufsetzen und 10 Min./Varoma/Linkslauf/Stufe 2 köcheln lassen.
10. Die Tomatensauce in stückiger Konsistenz belassen oder 5 Sek./Stufe 8 mit aufgesetztem Messbecher pürieren.
11. Zum Servieren gefüllte Zucchinihälften auf Teller verteilen, die Tomatensauce darübergeben und Feta darüber bröseln.

# Kohlrabi-Hack-Auflauf

*Für 4 Portionen*
***Pro Portion: 10 Punkte • 410 kcal • 14,9 g KH • 22 g F • 33 g P***

100 g fettreduzierter Käse
4 große Kohlrabi, geschält, etwa 1 kg
1 Zwiebel
1 TL Öl, z. B. Olivenöl
400 g Hackfleisch, z. B. vom Rind
500 g passierte Tomaten
Salz, Pfeffer, Oregano getrocknet, Knoblauchpulver

1. Backofen auf 180 °C Umluft vorheizen.
2. Käse in den Mixtopf geben und 5 Sek./Stufe 8 zerkleinern.
3. Kohlrabis schälen und in Stifte schneiden.
4. Zwiebel abziehen, halbieren, in den Mixtopf geben 5 Sek./Stufe 5 zerkleinern.
5. Öl hinzufügen und 3 Min./Varoma/Stufe 1 andünsten.
6. Hackfleisch dazugeben und 5 Min./Varoma/Linkslauf/Stufe 1 dünsten.
7. Kohlrabistifte und Hackfleisch in einer gefetteten Auflaufform verteilen.
8. Passierte Tomaten und Gewürze in den Mixtopf geben und 10 Sek./Stufe 4 vermischen. Die Tomatensauce über Hackfleisch und Kohlrabistifte in die Auflaufform geben und alles vermengen.
9. Mit Käse bestreuen, in den Ofen schieben und 25–30 Min. backen. Heiß servieren.

# Krautauflauf

*Für 4 Portionen*

***Pro Portion: 9 Punkte • 329 kcal • 11,4 g KH • 21,2 g F • 21,3 g P***

125 g fettreduzierter Mozzarella, 20% Fett i. Tr.
2 Eier
200 g Schmand
100 g fettreduzierte Sahne (Kochsahne, 7 % Fett)
1 EL gehackte Petersilie
Salz, Pfeffer, Knoblauchpulver
1 Zwiebel
125 g Katenschinken light, gewürfelt
1 TL Öl
600 g Weißkohl
3 EL Gemüsebrühe

1. Backofen auf 180 °C Umluft vorheizen.
2. Mozzarella abtropfen lassen und vierteln. In den Mixtopf geben und 5 Sek./Stufe 6 zerkleinern. In eine Schüssel umfüllen.
3. Eier, Schmand, Sahne, Petersilie und Gewürze in den Mixtopf geben und 15 Sek./Stufe 6 mixen, danach umfüllen. Mixtopf säubern.
4. Zwiebel abziehen, halbieren, in den Mixtopf geben und 5 Sek./Stufe 5 zerkleinern.
5. Katenschinken und Öl hinzufügen und 5 Min./Varoma/Linkslauf/Stufe 1 andünsten.
6. Währenddessen Weißkohl putzen und in schmale Streifen schneiden.
7. Weißkohlstreifen und 3 EL Gemüsebrühe in den Mixtopf hinzufügen und 5 Min./100 °C/Linkslauf/Stufe 1 andünsten. Kohl-Schinken-Masse in einer gefetteten Auflaufform verteilen.
8. Schmand-Ei-Masse darübergeben und mit Mozzarella-Raspel bestreuen.
9. In den Ofen schieben und 25–30 Min. backen.

# Hachis Parmentier

*Für 4 Portionen*

***Pro Portion: 11 Punkte • 345 kcal • 16,6 g F • 22,1 g KH • 25,1 g P***

50 g fettreduzierter Käse
1 Zwiebel
1 Knoblauchzehe
500 g Kartoffeln (mehlig kochend)
600 g Wasser
Salz, Pfeffer, Paprikapulver
1 TL Öl
350 g Rinderhack
1 TL Halbfettbutter
1 Prise Muskatnuss, gemahlen
100 g fettarme Milch, 1,5 % Fett
Öl zum Einfetten der Auflaufform

1. Käse in den Mixtopf geben, 5 Sek./Stufe 8 zerkleinern und umfüllen.
2. Zwiebel und Knoblauch abziehen, Zwiebel halbieren, in den Mixtopf geben und 5 Sek./Stufe 5 zerkleinern. Für das Hackfleisch zur Seite stellen.
3. Kartoffeln waschen, schälen und in Stücke schneiden.
4. Wasser in den Mixtopf einwiegen und ½ TL Salz hinzufügen. Kartoffelstücke in den Gareinsatz geben, in den Mixtopf einsetzen und 20 Min./100 °C/Stufe 2 köcheln lassen.
5. Backofen auf 180 °C Umluft vorheizen.
6. Öl in eine Pfanne geben und erhitzen.
7. Hackfleisch mit Zwiebeln, Knoblauch, Salz, Pfeffer, Paprikapulver vermischen und in der Pfanne krümelig anbraten. Danach in eine gefettete Auflaufform füllen.
8. Mixtopf leeren, Kartoffeln im Gareinsatz abseihen.
9. Rühraufsatz einsetzen, Kartoffeln, Butter, Muskatnuss und Milch hinzufügen und 20 Sek./Stufe 3 zu Kartoffelbrei rühren.
10. Kartoffelbrei auf das Hackfleisch geben und mit Käse bestreuen.
11. In den Ofen schieben und 15–20 Min. überbacken. Heiß servieren.

# Pizza-Muffins

*Für 6 Muffins*

***Pro Stück: 0 Punkte • 105 kcal • 2,2 g KH • 6,7 g F • 8,7 g P***

5 Eier
Salz, Pfeffer, Oregano
½ rote Paprika
½ grüne Paprika
100 g Champignons
100 g gekochter Schinken (ohne Fettrand)
Öl zum Einfetten der Muffinform

1. Backofen auf 180 °C Umluft vorheizen.
2. Eier und Gewürze in den Mixtopf füllen und 10 Sek./Stufe 4 aufschlagen. Umfüllen.
3. Paprika waschen, Strunk und Kerne entfernen und in grobe Stücke schneiden dann 5 Sek./Stufe 6 zerkleinern. Mit dem Spatel nach unten schieben.
4. Champignons putzen und in kleine Stücke schneiden. Schinken in kleine Würfel schneiden.
5. Eiermasse, Champignons und Schinken zu den Paprikastücken in den Mixtopf geben und alles 10 Sek./Linkslauf/Stufe 2 vermischen und in eine gefettete Auflaufform füllen.
6. Im Ofen ca. 15 Min. goldbraun backen. Heiß servieren.

## Tipp:

Idealer Snack zum Mitnehmen für Arbeit oder Uni.

# Gefüllte Zucchini im Schinkenmantel

*Für 2 Portionen*

***Pro Portion: 2 Punkte • 212 kcal • 12,3 g KH • 4,2 g F • 29,4 g P***

2 Zucchini (klein)
1 Tomate
1 gelbe Paprika
150 g körniger Frischkäse, bis 1 % Fett absolut
Salz, Pfeffer, Paprikapulver edelsüß
4 Scheiben Hinterkochschinken (ca. 150 g)

1. Zucchini waschen, längs halbieren und aushöhlen.
2. Tomaten waschen, Strunk wegschneiden und vierteln. Paprika waschen, Strunk entfernen und entkernen, in grobe Stücke schneiden.
3. Tomaten- und Paprikastücke in den Mixtopf geben und 5 Sek./Stufe 5 zerkleinern. Mit Spatel nach unten schieben.
4. Frischkäse in den Mixtopf hinzuwiegen, mit Salz, Pfeffer und Paprikapulver würzen und 10 Sek./Linkslauf/Stufe 2 vermischen.
5. Die Zucchinihälften jeweils mit der Frischkäsemasse füllen und wieder zusammensetzen.
6. Jede gefüllte Zucchini mit jeweils 2 Scheiben Schinken umwickeln.
7. Zum Servieren in ca. 5 cm breite Stücke schneiden und dekorativ anrichten.

# MIT FISCH UND GARNELEN

## Thunfischfrikadellen

*Für 2 Portionen*
***Pro Portion: 1 Punkte • 230 kcal • 5,9 g KH • 6,2 g F • 37 g P***

1 Zwiebel
2 Dosen Thunfisch in eigenem Saft (ca. 300 g)
1 EL Frischkäse, max. 1 % Fett absolut
10 g gemahlene Haferflocken (alternativ: Paniermehl oder Mandelmehl)
1 Ei
jeweils ½ Teelöffel Salz, Pfeffer, Paprikagewürz
1 TL Öl, z. B. Olivenöl

1. Zwiebel abziehen, halbieren, in den Mixtopf geben und 5 Sek./Stufe 5 zerkleinern. Mit dem Spatel nach unten schieben.
2. Thunfisch abtropfen lassen und mit den Händen die restliche Flüssigkeit ausdrücken. In den Mixtopf geben.
3. Alle restlichen Zutaten (bis auf das Öl) dazugeben und 10 Sek./Linkslauf/Stufe 2 vermischen.
4. Öl in einer Pfanne auf mittlerer Stufe erhitzen. Frikadellen formen und durchbraten.

*Tipp:*
Dazu schmeckt Salat und ein leckerer Dip.

# Fischfrikadellen mit Meerrettich-Dill-Dip

*Für 2 Portionen*
***Pro Portion: 3 Punkte • 323 kcal • 12,2 g KH • 7,3 g F • 50,9 g P***

3 Stängel Petersilie
400 g Seelachsfilet
2 Esslöffel Paniermehl
1 Ei
1 TL mittelscharfer Senf
Salz, Pfeffer
1 TL Öl, z. B. Olivenöl
200 g Magerquark
1 EL Mineralwasser
1 TL Meerrettich, nach Geschmack Tafel- oder Sahnemeerrettich
1 TL TK-Dillspitzen

1. Petersilie waschen, trocken schütteln und klein zupfen. Trockenen Mixtopf einsetzen und das Messer 5 Sek./Stufe 6 laufen lassen. Die Petersilie durch die Mixtopf-Öffnung einrieseln und zerkleinern lassen.
2. Seelachsfilet in den Mixtopf hinzufügen und 10 Sek./Stufe 6 zerkleinern.
3. Paniermehl, Ei, Senf, Salz und Pfeffer hinzufügen und 30 Sek./Linkslauf/Stufe 1 vermengen.
4. Kleine Frikadellen formen und in heißem Öl von beiden Seiten goldbraun braten.
5. Mixtopf säubern.
6. Magerquark einwiegen, Mineralwasser, Meerrettich und Dill hinzufügen, 10 Sek./Stufe 4 aufrühren.
7. Fischfrikadellen mit Quarksoße anrichten und servieren.

# Fisch mit Gemüsekruste

***Für 2 Portionen***
***Pro Portion: 1 Punkt • 201 kcal • 8,6 g KH • 6,1 g F • 25,4 g P***

1 rote Paprika
1 kleine Karotte
1 Zwiebel
1 TL Olivenöl
300 g Rotbarschfilets
1 EL Zitronensaft
Salz, Pfeffer
Öl zum Fetten der Auflaufform

1. Backofen auf 200 °C Ober-/Unterhitze vorheizen.
2. Paprika waschen, Strunk und Kerne entfernen und in grobe Stücke schneiden. Karotte waschen, schälen und in ca. 3 cm lange Stücke schneiden. Zwiebel abziehen und halbieren.
3. Paprika-, Karotten- und Zwiebelstücke zusammen mit Olivenöl in den Mixtopf geben und 10. Sek./Stufe 6 zerkleinern. Evtl. mit Spatel nach unten schieben und Vorgang wiederholen, bis die gewünschte Größe erreicht ist.
4. Fischfilets waschen, trocken tupfen. Mit Zitronensaft, Salz und Pfeffer würzen.
5. Fischfilets nebeneinander in eine gefettete Auflaufform geben und die Gemüseraspel darauf verteilen, etwas andrücken und nochmals würzen.
6. Auflaufform in den Backofen schieben und 20–25 Min. backen.

*Tipp:*
Mit frischen Kräutern oder Kräuterquark servieren.

# Lachs-Paprika-Päckchen mit Dillsauce

*Für 2 Portionen*

***Pro Portion: 2 Punkte • 402 kcal • 12,2 g KH • 32,1 g F • 32,4 g P***

1 grüne Paprika
1 gelbe Paprika
1 rote Paprika
2 Lachsfilets (ca. 250 g)
1 TL Öl
½ Zitrone
(Kräuter-)Salz, Pfeffer
500 g Wasser
1 EL Gemüsebrühe
100 g Frischkäse, max. 1 % Fett absolut
1 EL Dill (TK oder frisch)

1. Zwei Blätter Backpapier kurz in Wasser einlegen und danach auswringen.
2. Paprika waschen, Strunke und Kerne entfernen, in kleine Stücke schneiden und jeweils für eine Portion auf ein Backpapier legen.
3. Lachsfilets säubern, würzen und auf das Gemüse legen. Öl darüber träufeln.
4. Zitrone waschen, halbieren, Scheiben abschneiden und auf den Lachsfilets verteilen.
5. Backpapier zu kleinen Päckchen drehen und in den Varoma geben.
6. Wasser und Gemüsebrühepulver in den Mixtopf füllen, Varoma aufsetzen und 15 Min./Varoma/Stufe 2 garen.
7. Varoma absetzen und Mixtopf bis auf ca. 150 g Gemüsebrühe entleeren.
8. Frischkäse, Salz, Pfeffer und Dill in den Mixtopf geben, Varoma wieder aufsetzen und 5 Min./Varoma/Stufe 3 köcheln lassen.
9. Fischpäckchen mit Dillsauce servieren.

# Scharfe Garnelenpfanne mit Kräutersauce

*Für 2 Portionen*

***Pro Portion: 3 Punkte • 371 kcal • 14,8 g KH • 7,8 g F • 54,7 g P***

200 g Zucchini
200 g Aubergine
1 kleine Peperonischote
100 g Cocktailtomaten
2 TL Olivenöl
1 TL mittelscharfer Senf
2 EL italienische Kräuter (TK oder frische Kräuter nach Wahl, gehackt)
Salz, Pfeffer
1 TL Paprikapulver, edelsüß
250 g frische Garnelen (küchenfertig)
300 g Gemüsebrühe
1 EL Mehl
100 g Frischkäse, max. 1 % Fett absolut

1. Zucchini, Aubergine und Peperoni waschen, abtrocknen, in Scheiben schneiden und in eine Schüssel geben. Cocktailtomaten waschen und halbieren.
2. 1 TL Öl mit Senf und 1 EL Kräuter vermischen und zum geschnittenen Gemüse geben. Alles gut durchrühren, kurz durchziehen lassen.
3. 1 TL Öl mit Salz, Pfeffer und Paprikapulver in eine Schüssel geben und vermischen. Garnelen hinzufügen und darin marinieren.
4. Pfanne erhitzen und das Gemüse anbraten.
5. Die Garnelen ca. 5 Min. vor Ende der Garzeit des Pfannengemüses hinzufügen und mit durchbraten.
6. Gemüsebrühe, Mehl und Frischkäse in den Mixtopf einwiegen, restliche Kräuter und Salz und Pfeffer hineingeben. 5 Sek./Stufe 5 mixen, danach 5 Min./100 °C/Stufe 2 köcheln lassen.
7. Garnelenpfanne mit Kräutersauce servieren.

# Frittata-Schnitten mit Lachs und Gemüse

*Für 2 Portionen*
***Pro Portion: 0 Punkte • 270 kcal • 4,5 g KH • 15,6 g F • 26,5 g P***

100 g Brokkoli
¼ Bund Schnittlauch
4 Eier
50 g Frischkäse, max. 1 % Fett absolut
100 g Räucherlachs
100 g gekochter Spargel (Glas)
Salz, Pfeffer
Öl zum Einfetten der Auflaufform

1. Backofen auf 180 °C Umluft vorheizen.
2. Schnittlauch waschen, trocken schütteln und klein zupfen. Das Messer 5 Sek./Stufe 6 laufen lassen und währenddessen Schnittlauch durch die Mixtopf-Öffnung einrieseln und zerkleinern lassen. 1 TL gehackten Schnittlauch zum Dekorieren zurücklegen. Den Rest im Mixtopf belassen.
3. Eier in den Mixtopf hinzufügen, Frischkäse einwiegen und 10 Sek./Stufe 4 mixen.
4. Brokkoli säubern und in kleine Röschen teilen.
5. Räucherlachs und Spargel in kleine Stücke schneiden, mit dem Brokkoli zur Eiermasse in den Mixtopf geben und 15 Sek./Linkslauf/Stufe 2 vermischen. Mit Salz und Pfeffer würzen.
6. Die Eiermasse in eine gefettete Auflaufform füllen und 25–30 Min. im Ofen backen.

*Tipp:*
Dazu passt ein frischer Tomatensalat.

# MIT HUHN UND PUTE

## Kürbis-Hähnchen-Topf

*Für 2 Portionen*
***Pro Portion: 2 Punkte • 313 kcal • 33,1 g KH • 4,7 F • 33,4 g P***

250 g Hähnchenbrust
¼ Hokkaido-Kürbis oder ½ Butternut-Kürbis
3 kleine Kartoffeln
1 Zwiebel
1 Knoblauchzehe
1 TL Öl
500 g Gemüsebrühe
(Kräuter-)Salz, Pfeffer
½ TL Kurkuma (oder Currypulver)

1. Hähnchenbrustfilet säubern und in Streifen schneiden.
2. Kürbis schälen, entkernen und würfeln. Kartoffeln waschen, schälen und in Würfel schneiden.
3. Zwiebel und Knoblauch abziehen, in den Mixtopf geben und 5 Sek./Stufe 5 zerkleinern.
4. Öl zugeben und 3 Min./Varoma/Stufe 1 dünsten.
5. Hähnchenbrustfiletstreifen, Kürbis- und Kartoffelwürfel hinzufügen und 8 Min./Varoma/Linkslauf/Stufe 1 andünsten.
6. Gemüsebrühe einwiegen, Gewürze hinzufügen und 12 Min./Varoma/Linkslauf/Stufe 1 fertig kochen.

*Tipp:*
Mit frischer Minze servieren.

# Hähnchen-Blumenkohl-Pfännchen

***Für 2 Portionen***
***Pro Portion: 4 Punkte • 337 kcal • 8,5 g KH • 10,3 g F • 48,4 g P***

50 g fettreduzierter Käse
1 Zwiebel
500 g Blumenkohl
500 g Wasser
1 EL Gemüsebrühepulver
300 g Hähnchenbrustfilets
Salz, Pfeffer, Paprikapulver, edelsüß
1 TL Öl
10 g Halbfettbutter
Öl zum Einfetten der Auflauf- oder Souffléformen

1. Backofen auf 180 °C Umluft vorheizen.
2. Käse in den Mixtopf geben und 5 Sek./Stufe 8 zerkleinern. Anschließend umfüllen.
3. Zwiebel abziehen, in den Mixtopf geben und 5 Sek./Stufe 5 zerkleinern. Anschließend umfüllen.
4. Blumenkohl säubern, in Röschen teilen (evtl. etwas kleiner schneiden, das spart Garzeit) und auf den Varoma-Einlegeboden verteilen.
5. Wasser in den Mixtopf einwiegen, Gemüsebrühepulver hinzufügen, Varoma aufsetzen und Blumenkohl 20–25 Min./Varoma/Stufe 2 garen.
6. Währenddessen Hähnchenbrustfilets säubern, mit Küchenkrepp trocken tupfen und in Streifen schneiden. Mit Salz, Pfeffer und Paprikapulver würzen.
7. Öl in einer Pfanne erhitzen und die Fleischstreifen mit den gehackten Zwiebeln anbraten.
8. Fleisch-Zwiebel-Mischung in eine gefettete Form oder mehrere Förmchen geben.
9. Sobald der Blumenkohl gar ist, Gemüsebrühe aus dem Mixtopf weggießen.
10. Blumenkohl in den Mixtopf geben, Butter einwiegen und 15 Sek./Stufe 5 mixen. Mit Salz und Muskatnuss abschmecken.
11. Das Blumenkohlmus über die Hähnchenstreifen in die Förmchen füllen und mit Käseraspel bestreuen.
12. In den Ofen schieben und 15–20 Min. backen. Heiß servieren.

# Hähnchen-Zucchini-Spieße mit Kräuter-Dip

*Für 2 Portionen*

***Pro Portion: 3 Punkte • 298 kcal • 12,3 g KH • 8,8 g F • 41 g P***

300 g Hähnchenbrustfilets
1 TL Dijon-Senf
1 TL Honig
Salz, Pfeffer
2 Zucchini (ca. 500 g)
1 TL Öl, z. B. Olivenöl
5 Stängel Petersilie
3 Stängel Schnittlauch
100 g Frischkäse, max. 1 % Fett absolut
50 g saure Sahne (Sauerrahm), 10 % Fett

1. Hähnchenbrustfilets waschen, trocken tupfen und in grobe Stücke schneiden.
2. Senf und Honig mit Salz und Pfeffer in einer Schüssel vermischen.
3. Hähnchenfleischstücke zugeben, gut vermengen und etwa 10 Min. darin marinieren.
4. Zucchini waschen, abtrocknen, der Länge nach in dünne Scheiben hobeln.
5. Zucchinischeiben aufrollen und abwechselnd mit den Hähnchenstücken auf Holzspieße aufspießen.
6. Öl in einer (Grill-)Pfanne erhitzen und die Hähnchen-Zucchini-Spieße darin anbraten.
7. Petersilie und Schnittlauch waschen, trocken schütteln und klein zupfen. Mixtopf einsetzen und das Messer 5 Sek./Stufe 6 laufen lassen. Die Kräuter durch die Mixtopf-Öffnung einrieseln und zerkleinern lassen.
8. Frischkäse und saure Sahne zu den Kräutern im Mixtopf einwiegen, mit Salz und Pfeffer würzen und 20 Sek./Stufe 4 cremig rühren.
9. Die Hähnchen-Zucchini-Spieße mit dem Dip servieren.

# Zucchini-Tomaten-Hähnchen-Auflauf

*Für 2 Portionen*

***Pro Portion: 4 Punkte • 305 kcal • 12,2 g KH • 8,7 g F • 43 g P***

80 g fettreduzierter Mozzarella, 20% Fett i. Tr.
1 Knoblauchzehe
200 g Hähnchenbrustfilet
Salz, Pfeffer, Chilipulver
1 TL Öl
500 g Zucchini
100 g Gemüsebrühe
150 g Frischkäse, max. 1 % Fett absolut
15 Kirschtomaten
Öl zum Einfetten der Auflaufform

1. Backofen auf 200 °C Ober-/Unterhitze vorheizen.
2. Mozzarella abtropfen lassen, vierteln, in den Mixtopf geben und 5 Sek./Stufe 8 zerkleinern und umfüllen.
3. Knoblauch abziehen, in den Mixtopf geben und 3 Sek./Stufe 5 zerkleinern.
4. Hähnchenbrust waschen, mit einem Küchenkrepp trocken tupfen und mit Salz, Pfeffer und Chilipulver einreiben. Hähnchenbrust in Streifen schneiden.
5. Hähnchenbrustfiletstreifen zum Knoblauch in den Mixtopf geben, etwas Öl hinzufügen und für 5 Min./Varoma/Linkslauf/Stufe 1 andünsten. Danach in eine gefettete Auflaufform geben.
6. Zucchini waschen, halbieren und in Scheiben schneiden. Kirschtomaten waschen und halbieren. Gemüse über das Hähnchenfleisch in der Auflaufform schichten.
7. Gemüsebrühe und Frischkäse in den Mixtopf einwiegen und 10 Sek./Stufe 5 vermischen. Danach über die Gemüse-Hähnchen-Mischung gießen.
8. Käse darüber streuen.
9. Im Backofen 25–30 Min. backen. Heiß servieren.

# Gebratene Hähnchenbrustfilets mit Tomatensalsa

*Für 2 Portionen*

***Pro Portion: 2 Punkte • 300 kcal • 15,8 g KH • 8,8 g F • 36,9 g P***

3 Basilikumblätter
3 Stiele Petersilie
2 rote Zwiebeln
1 Knoblauchzehe
2 TL Olivenöl
5 Tomaten
½ Zucchini
2 EL Gemüsebrühe (oder Wasser)
Salz, Pfeffer
1 Prise Erythrit (oder Süßungsmittel nach Wahl, z. B. Zucker)
1 EL Tomatenmark
300 g Hähnchenbrustfilet

1. Basilikum und Petersilie waschen, trocken schütteln und klein zupfen. Das Messer 5 Sek./Stufe 6 laufen lassen und die Kräuter durch die Mixtopf-Öffnung einrieseln und zerkleinern lassen.
2. Zwiebeln und Knoblauch abziehen, Zwiebeln halbieren, alles in den Mixtopf geben und 5 Sek./Stufe 5 zerkleinern.
3. 1 TL Öl hinzufügen und alles 5 Min./Varoma/Stufe 1 andünsten.
4. Tomaten und Zucchini waschen, in kleine Würfel schneiden und in den Mixtopf hinzufügen.
5. Gemüsebrühe, Salz, Pfeffer, Erythrit und Tomatenmark hinzufügen und 12 Min./ Varoma/Linkslauf/Stufe 1 andünsten.
6. Währenddessen Hähnchenbrustfilets säubern und würzen.
7. 1 TL Öl in einer Pfanne erhitzen und Hähnchnchenbrustfilets erst scharf von allen Seiten anbraten, dann bei mittlerer Hitze durchgaren.
8. Hähnchenbrustfilets zusammen mit Tomatensalsa auf zwei Tellern anrichten.

# Hähnchen-Brokkoli-Pfanne mit Kräutersauce

*Für 2 Portionen*

***Pro Portion: 3 Punkte • 340 kcal • 11,9 g KH • 12,4 F • 40,2 g P***

3 Stängel Petersilie
5 Stängel Schnittlauch
500 g Brokkoli
500 g Wasser
1 EL Gemüsebrühepulver
200 g Hähnchenbrust
Salz, Pfeffer
1 TL Öl, z. B. Olivenöl
100 g Champignons
100 g Frischkäse, max. 1 % Fett absolut
15 g Cashewkerne

1. Petersilie und Schnittlauch waschen, trocken schütteln und klein schneiden. Mixtopf einsetzen und das Messer 5 Sek./Stufe 6 laufen lassen. Die Kräuter durch die Mixtopf-Öffnung einrieseln und zerkleinern lassen.
2. Brokkoli säubern, in Röschen teilen und in den Varoma-Einlegeboden geben.
3. Wasser in den Mixtopf einwiegen, Gemüsebrühepulver hinzufügen und Varoma mit den Brokkoliröschen aufsetzen. 20 Min./Varoma/Stufe 2 garen. Die Brokkoliröschen dürfen noch bissfest sein, da sie später in der Sauce noch ein paar Minuten mitdünsten.
4. Die Hähnchenbrustfilets säubern, mit Küchenkrepp trocken tupfen und in Streifen schneiden. Mit Salz und Pfeffer würzen.
5. Öl in einer Pfanne erhitzen und Hähnchenstreifen braten.
6. Champignons putzen und in Scheiben schneiden, in die Pfanne hinzufügen und mitbraten.
7. Varoma absetzen, Brokkoli zum Hähnchen in die Pfanne geben, Gemüsebrühe umfüllen.

8. Frischkäse und 150 g der Gemüsebrühe in den Mixtopf einwiegen und zusammen mit Salz, Pfeffer und den gehackten Kräutern 10 Sek./Stufe 6 pürieren.
9. Kräutersoße in die Pfanne zu Hähnchen und Brokkoli geben und bei niedriger Hitze ca. 5–10 Min. köcheln lassen.
10. Mit Cashewkernen bestreuen und servieren.

# Hähnchen-Curry

*Für 2 Portionen*

***Pro Portion: 7 Punkte • 314 kcal • 13 g KH • 10,7 g F • 39,2 g P***

300 g Hähnchenbrustfilet
1 EL Sojasauce
ca. 1-2 cm Ingwerwurzel
2 Zwiebeln
1 TL Öl
½ Dose Kokosmilch light (ca. 200 g)
1 Dose stückige Tomaten (400 g)
1 EL Tomatenmark
1 TL Gemüsebrühepulver
Salz, Pfeffer
1 EL Currypulver

1. Hähnchenbrustfilet säubern und in Stücke schneiden. Mit der Sojasauce vermischen und kurz ziehen lassen.
2. Ingwer schälen. Zwiebeln abziehen.
3. ½ Zwiebel zusammen mit dem Ingwer in den Mixtopf geben und 5 Sek. /Stufe 5 zerkleinern. Öl dazugeben und 3 Min./Varoma/Stufe 1 dünsten.
4. Hähnchenbrustfilets in den Mixtopf hinzufügen und 8 Min./Varoma/Linkslauf/ Stufe 1 andünsten.
5. Die restlichen Zwiebeln vierteln und die einzelnen Lagen abzupfen. Zusammen mit Kokosmilch, stückigen Tomaten, Tomatenmark, Gemüsebrühepulver und Gewürzen in den Mixtopf geben und alles 15 Min./100 °C/Linkslauf/Stufe 1 köcheln lassen.
6. Mit Gewürzen noch mal abschmecken und servieren.

*Tipp:*

Dazu schmeckt selbst gemachtes Fladenbrot (S. 85).

# SÜSSSPEISEN UND DESSERTS

## Pflaumencrumble

*Für 4 Portionen*
***Pro Portion: 6 Punkte • 420 kcal • 61 g KH • 14,2 g F • 8,9 g P***

150 g Pflaumen
60 g Halbfettmargarine
50 g Haferflocken
100 g Mehl
40 g Erythrit (oder Süßungsmittel nach Wahl)
1 TL Zimt
1 Prise Salz

1. Backofen auf 180 °C Umluft vorheizen.
2. Pflaumen waschen, halbieren und entsteinen, in gefettete Förmchen verteilen.
3. Alle restlichen Zutaten in den Mixtopf geben und 10 Sek./Linkslauf/Stufe 4 zu Streuseln verarbeiten.
4. Streusel über den Pflaumen verteilen und 20–25 Min. backen. Heiß servieren.

# Pfannkuchen mit Zimtcreme und Heidelbeeren

*Für 2 Portionen*

***Pro Portion: 8 Punkte • 420 kcal • 50,6 g KH • 10,3 g F • 29 g P***

2 Eier
1 Prise Salz
200 g fettarme Milch, 1,5 % Fett
2 EL Mineralwasser
100 g Mehl, z. B. Weizenmehl
1 TL Öl
15 g Erythrit (oder Süßungsmittel nach Wahl)
½ TL Zimt
250 g Skyr, Natur, max. 0,2 % Fett (alternativ Magerquark)
100 g Heidelbeeren

1. Eier, Salz, Milch, 1 EL Mineralwasser in den Mixtopf geben und 10 Sek./Stufe 5 aufschlagen.
2. Mehl einwiegen und 10 Sek./Stufe 5 verrühren. Teig umfüllen und Mixtopf säubern.
3. Öl in die Pfanne geben und erhitzen. 1–2 EL Teig in die Pfanne geben, glatt streichen und die Pfannkuchen von beiden Seiten goldbraun braten. Vorgang so lange wiederholen, bis der Teig aufgebraucht ist.
4. Währenddessen Süßungsmittel und Zimt in den Mixtopf geben, Skyr einwiegen und 1 EL Mineralwasser hinzufügen. Alles ca. 10 Sek./Stufe 4 cremig rühren.
5. Heidelbeeren waschen und abtropfen lassen.
6. Pfannkuchen mit Zimtcreme und frischen Heidelbeeren servieren.

# Kirschauflauf

*Für 4 Portionen*

***Pro Portion: 7 Punkte • 361 kcal • 47 g KH • 13,4 g F • 23,6 g P***

3 Eier
Salz
40 g Halbfettbutter
60 g Erythrit oder ½-1 EL flüssigen Süßstoff (nach Belieben)
150 g fettarme Milch, 1,5 % Fett
200 g Mehl
1 EL Backpulver
250 g frische Kirschen, entkernt
Öl zum Einfetten der Auflaufform

1. Backofen auf 180 °C Ober-/Unterhitze vorheizen.
2. Eier trennen.
3. Eiweiß in den fettfreien (kühlen) Mixtopf geben, Rühraufsatz einsetzen und kurz auf Stufe 3 rühren. Eine Prise Salz einrieseln lassen, dann für ca. 2–3 Min./Stufe 3 (auf Sicht) steif schlagen. Anschließend umfüllen.
4. Eigelb, Butter, Süßstoff und Milch in den Mixtopf geben und 30 Sek./Stufe 4 schaumig rühren.
5. Mehl, Backpulver und 1 Prise Salz zufügen und 10 Sek./Stufe 4 verrühren.
6. Eischnee mit dem Spatel unter die Teigmasse rühren.
7. Teig gleichmäßig in eine eingefettete Auflaufform füllen. Kirschen darauf verteilen.
8. Im Ofen 25–30 Min. backen.

# Erdbeer-Kühlschranktorte

*Für 12 Stück*

***Pro Portion: 5 Punkte • 151 kcal • 16 g KH • 5 g F • 9,7 g P***

200 g Löffelbiskuit
100 g Halbfettbutter
300 g Frischkäse, max. 1 % Fett absolut
400 g Magerquark
60 g Erythrit oder Süßungsmittel nach Wahl
2 Päckchen Sofortgelatine (oder entsprechende Menge Blattgelatine)
400 g Erdbeeren
Öl zum Einfetten der Springform

1. Löffelbiskuits in den Mixtopf geben und 3 Sek./Stufe 5 zerkleinern.
2. Butter hinzufügen und 1 Min./Knetmodus vermengen, bis der Teig krümelig ist.
3. Den Teig in eine gefettete Springform (23 oder 26 cm Durchmesser) geben, andrücken und für mind. 30 Min. in den Kühlschrank stellen.
4. Frischkäse, Magerquark, Süßungsmittel und Gelatine in den Mixtopf geben und 15 Sek./Stufe 4 cremig rühren.
5. Creme auf den Kuchenboden auftragen und mind. 4 Std. in den Kühlschrank stellen.
6. Erdbeeren waschen, abtrocknen, in dekorative Scheiben schneiden und den Kuchen damit belegen.

*Tipp:*

Überziehen Sie die Erdbeeren mit Tortenguss, so hält sich der Kuchen 2–3 Tage im Kühlschrank.

# Schokocreme

(abhängig von der gewählten Schokolade)

*Für 2 Portionen*

***Pro Portion: 6 Punkte • 237 kcal • 18,5 g KH • 7,3 g F • 26,3 g P***

30 g Schokolade (Vollmilch oder Zartbitter)
2 EL Kakaopulver, entölt
400 g Skyr, Natur, max. 0,2 % Fett
40 g Erythrit oder Süßungsmittel nach Wahl
½ Röhrchen Rumaroma (optional)

1. 10 g der Schokolade in grobe Stücke hacken.
2. Restliche Schokolade in den Mixtopf geben und 10 Sek./Stufe 10 zerkleinern. Danach 5 Min./50 °C/Stufe 2 schmelzen.
3. Kurz abkühlen lassen, die Schokolade sollte aber noch flüssig sein.
4. Skyr, Süßungsmittel und Rumaroma hinzufügen und 30 Sek./Stufe 3 zu einer Schokocreme verrühren.
5. Quarkcreme in Dessertgläser füllen und erkalten lassen. Mit gehackter Schokolade bestreuen und servieren.

# Schnelles Beeren-Eis

*Für 1 Portion*

***Pro Portion: 0 Punkte • 109 kcal • 13,5 g KH • 0,7 g F • 12,2 g P***

10 g Erythrit (oder Süßungsmittel nach Wahl)
Mark einer halben Vanilleschote (alternativ Vanillepulver)
120 g gefrorene Beeren nach Wahl, z. B. Heidelbeeren
100 g Skyr, Natur, max. 0,2 % Fett (alternativ Soja-Joghurt oder griechischer Joghurt)

1. Erythrit und Vanillemark in den Mixtopf geben, gefrorene Beeren hinzufügen und 10 Sek./Stufe 9 mixen.
2. Skyr einwiegen und ca. 5 Sek./Stufe 3 cremig rühren.
3. Fruchteis sofort servieren.

## Tipp:

Setzen Sie auf Vielfalt und Abwechslung und nehmen Sie immer wieder anderes TK-Obst. Bei sehr süßen Früchten können Sie auf die Zugabe von Süßungsmitteln verzichten.

# Vegane Schoko-Popsicles

(abhängig von der gewählten Schokolade)

*Für ca. 8 Stück*

***Pro Stück: 5 Punkte • 185 kcal • 23,4 g KH • 8,4 g F • 2,6 g P***

50 g Zartbitterschokolade
35 g fettreduzierte Kokosmilch
1 TL Kokosöl
1 Prise Salz
60 g geröstete Haselnüsse
60 g Haselnussmilch (oder eine andere Nussmilchsorte)
1 EL Agavendicksaft (oder flüssiges Süßungsmittel nach Wahl, z. B. Honig oder Flüssigsüße)
5 mittelgroße reife Bananen

1. Schokolade in Stücke brechen und zusammen mit den Haselnüssen in den Mixtopf geben. 5 Sek./Stufe 8 zerkleinern. Mit dem Spatel nach unten schieben.
2. Kokosmilch, Kokosöl und eine Prise Salz in den Mixtopf hinzuwiegen und alles ca. 4 Min/50 °C/Stufe 1 erwärmen.
3. Haselnussmilch und Agavendicksaft hinzuwiegen und 10 Sek./Stufe 3 cremig rühren.
4. Bananen schälen und in den Mixtopf hinzufügen, 15 Sek./Stufe 6 zu einer homogenen Masse mixen.
5. In 6 Eisförmchen füllen und für mindestens 6 Stunden einfrieren.

*Tipp:*
Die Nuss-Schoko-Masse (ohne Bananen) können Sie auch als leckeren Schoko-Nuss-Aufstrich verwenden.

# BROT UND BRÖTCHEN

## Fladenbrot (indische Art, kross gebacken)

*Für ca. 10 Stück*
***Pro Stück: 3 Punkte • 119 kcal • 21,2 g KH • 2,2 g F • 2,9 g P***

180-200 g Wasser
300 g Weizenmehl + etwas Mehl zum Ausrollen
20 g Öl, z.B. Rapsöl
1 TL Salz

1. Wasser in einem Wasserkocher aufkochen.
2. Mehl, Öl, Salz in den Mixtopf geben und gekochtes Wasser hinzufügen (erst 180 ml, dann evtl. noch etwas zugießen, wenn der Teig während des Knetens zu trocken scheint). 2 Min./Knetmodus zu einem homogenen Teig verarbeiten.
3. Danach in ca. 10 gleich große Teigkugeln formen.
4. Arbeitsfläche mit Mehl bestäuben und jeweils eine Teigkugel zu einem flachen, runden Fladenbrot (ca. 0,5 cm dick) ausrollen. Falls der Teig am Nudelholz kleben bleibt, etwas mehr bemehlen bzw. Frischhaltefolie zu Hilfe nehmen.
5. Eine gut beschichtete Bratpfanne erwärmen und Fladenteiglinge ohne Zugabe von Öl von beiden Seiten ausbacken.
6. Vorgang so lange wiederholen, bis alle Fladenbrote ausgebacken sind.

*Tipp:*
Das Fladenbrot schmeckt hervorragend zu Currys wie z. B. Hähnchen-Curry (S. 76).

# Saaten-Knäckebrot

*Für ca. 20 Stück*

***Pro Stück:* 2 Punkte • 84 kcal • 9,2 g KH • 3,4 g F • 2,9 g P**

50 g Kürbiskerne
50 g Sonnenblumenkerne
6 getrocknete Tomaten
200 g Buchweizenmehl
(oder Vollkornmehl nach Wahl)
4 EL geschroteter Leinsamen
2 EL Sesam
1 TL Olivenöl
1,5 TL Salz
200 g lauwarmes Wasser

1. Kürbiskerne und Sonnenblumenkerne in den Mixtopf einwiegen und 5 Sek./Stufe 9 mahlen.
2. Getrocknete Tomaten hinzufügen und nochmals 5 Sek./Stufe 8 zerkleinern.
3. Restliche Zutaten hinzufügen und 1 Min./Knetmodus vermengen. 30 Min. quellen lassen. Dann noch mal mit 1 Min./Knetmodus vorbereiten.
4. Ofen auf 200 °C Ober-/Unterhitze vorheizen.
5. Den Teig auf ein mit Backpapier ausgelegtes Blech geben, glatt streichen und dünn ausrollen oder platt drücken. Am besten die Teigschicht mit Frischhaltefolie belegen und mit einem Nudelholz darüber rollen. Folie unbedingt wieder entfernen.
6. Den Teig in ca. 20 gleich große Stücke schneiden.
7. Den Teig 20–25 Min. backen lassen. In den letzten 5–10 Min. die Brotscheiben wenden.

## Tipp:

Kombinieren Sie das Knäckebrot mit Aufstrichen wie z. B. körnigen Frischkäse oder Kräuter-Dips oder belegen Sie es mit Wurst oder Käse.

# Dunkles Mischbrot

*Für ca. 15 Scheiben*
***Pro Scheibe: 4 Punkte • 157 kcal • 22,9 g KH • 3,3 g F • 6,1 g P***

50 g Leinsamen
100 g Sonnenblumenkerne
250 g Roggenkörner
200 g Weizenmehl
350 g Wasser
1 Würfel Hefe
1 EL Salz
1 TL Erythrit (oder Süßungsmittel nach Wahl)
2 EL Essig, z. B. weißer Balsamico
Öl zum Einfetten der Kastenform (das Brot kann aber auch als Laib auf einem mit Backpapier ausgelegten Backblech gebacken werden)

1. Leinsamen und Sonnenblumenkerne mischen und etwa 2 EL davon für die Kruste auf die Seite legen.
2. Roggenkörner im Mixtopf 1 Min./Stufe 10 mahlen.
3. Alle restlichen Zutaten hinzufügen und 2 Min./Knetmodus vermengen.
4. Teigmasse zu einem Brotlaib formen und die restliche Leinsamen-Sonnenblumenkerne-Mischung außen rundherum andrücken. In eine eingefettete Backform oder auf ein mit Backpapier ausgelegtes Backblech geben. Zudecken und 30 Min. an einem warmen Ort gehen lassen.
5. Backofen auf 200 °C Ober-/Unterhitze vorheizen.
6. Brot für ca. 55–60 Min. im Ofen backen.

# Süßes Kürbisbrot

*Für ca. 12 Scheiben*
***Pro Scheibe: 4 Punkte • 178 kcal • 31 g KH • 2,8 g F • 7,3 g P***

25 g Pekannüsse
400 g Hokkaido-Kürbis
500 g Wasser
50 g Erythrit
1 TL Salz
1 Würfel Hefe (ca. 42 g)
500 g Dinkelmehl

1. Pekannüsse in den Mixtopf geben und 5 Sek./Stufe 8 zerkleinern, anschließend umfüllen.
2. Hokkaido-Kürbis waschen, schälen, entkernen, in grobe Würfeln schneiden und ins Garkörbchen einfüllen.
3. Wasser einwiegen, Garkörbchen einhängen und Kürbisstücke 12 Min./100 °C/Stufe 1 garen.
4. Kürbis abseihen (etwas Garflüssigkeit auffangen) und 10 Sek./Stufe 8 pürieren. Kurz abkühlen lassen.
5. Backofen auf 180 °C Ober- und Unterhitze vorheizen.
6. Gemahlene Pekannüsse, Erythrit, Salz und Hefe zum Kürbisbrei hinzufügen und 2 Min./Knetmodus vermengen. Evtl. etwas Garflüssigkeit hinzufügen, bis ein homogener Teig entsteht.
7. In eine mit Backpapier ausgelegte Backform füllen und auf der mittleren Schiene ca. 35–40 Min. backen. Backofen ausstellen, das Brot für weitere 5 Min. im Backofen bei geschlossener Backofentür ruhen lassen.

# AUFSTRICHE UND DIPS

## Rote-Bete-Aufstrich

*Für ca. 7 Portionen à ca. 50 g*
***Pro Portion: 0 Punkte • 28 kcal • 3,1 g KH • 0,7 g F • 2 g P***

1 Knoblauchzehe
250 g gekochte Rote Bete
100 g Frischkäse, max. 1 % Fett absolut
2 EL Zitronensaft
1 TL Olivenöl
Salz, Pfeffer

1. Knoblauch in den Mixtopf geben und 5 Sek./Stufe 5 zerkleinern.
2. Rote Bete in grobe Stücke schneiden, in den Mixtopf geben und 10 Sek./Stufe 6 zerkleinern.
3. Frischkäse, Zitronensaft, Olivenöl, Salz und Pfeffer hinzufügen und 15 Sek./Stufe 5 zu einem cremigen Aufstrich mixen.

*Tipp:*
Schmeckt lecker als Dip zu Rohkostgemüse oder auch als Aufstrich.

# Cremiger Chili-Dip

*Für 2 Portionen*
***Pro Portion: 0 Punkte • 94 kcal • 7,8 g KH • 0,3 g F • 14,4 g P***

1 Chili, je nach gewünschter Schärfe evtl. etwas weniger oder eine mildere Sorte
½ Zwiebel
200 g Skyr, Natur, max. 0,2 % Fett (alternativ Magerquark)
50 g fettreduzierter Frischkäse
1 EL Tomatenmark
Salz, Pfeffer, Paprikapulver, Cayennepfeffer

1. Chili waschen, Strunk und Kerne entfernen, in den Mixtopf geben.
2. Zwiebel abziehen, halbieren und zur Chili in den Mixtopf geben.
3. Chili und Zwiebel 5 Sek./Stufe 6 zerkleinern. Mit dem Spatel nach unten schieben.
4. Skyr und Frischkäse dazuwiegen, Tomatenmark und Gewürze hinzufügen und 20 Sek./Stufe 4 zu einem cremigen Dip verrühren.

*Tipp:*
Vor dem Servieren mit frischer Petersilie und Chilischeiben bestreuen.

# Schinkenaufstrich

*Für 2 Portionen*
***Pro Portion: 2 Punkte • 178 kcal • 4 g KH • 10,6 g F • 16,3 g P***

½ Zwiebel
150 g gekochter Schinken
100 g Frischkäse, max. 1 % Fett absolut
Salz, Pfeffer

1. Zwiebel abziehen, in den Mixtopf geben und 5 Sek./ Stufe 5 zerkleinern.
2. Schinken in grobe Stücke schneiden, in den Mixtopf hinzufügen und 5 Sek./Stufe 6 mixen.
3. Frischkäse hinzuwiegen, mit Salz und Pfeffer würzen, 5 Sek./Stufe 4 vermischen.
4. Mit Gewürzen abschmecken.

## Tipp:

Dünsten Sie die Zwiebel vorher an. Dazu 1 TL Olivenöl hinzufügen und 3 Min./ Varoma/Stufe 1 kurz anbraten.
Dieser leckere Aufstrich passt zu Crackern wie zu Vollkornbrot.

# Rotes Pesto

*Für ca. 12 Portionen à ca. 20 g*
***Pro Portion: 4 Punkte • 110 kcal • 5,3 g KH • 9,4 g F • 1,5 g P***

30 g Pinienkerne
100 g getrocknete Tomaten
100 g Olivenöl
10 Blätter Basilikum
1 Knoblauchzehe
Pfeffer

1. Pinienkerne in einer Pfanne ohne Öl anrösten, anschließend abkühlen lassen.
2. Basilikum waschen, trocken schütteln und Blätter abzupfen.
3. Getrocknete Tomaten in den Mixtopf geben und 10 Sek./Stufe 8 zerkleinern. In den letzten 5 Sek. die Basilikumblätter einrieseln lassen.
4. Alle anderen Zutaten hinzufügen und 30 Sek./Stufe 4 zu einer homogenen Masse vermengen.
5. Zum Schluss mit Salz und Pfeffer abschmecken.

*Tipp:*
Pesto in ein Schraubglas abfüllen und im Kühlschrank lagern. Im Kühlschrank ist es bis zu drei Wochen haltbar.
Tomatenpesto kann man auch zum Verfeinern von Suppen oder Saucen verwenden, es schmeckt zu Nudeln, Brot, Fisch und Fleisch.

# Paprika-Dip

*Für ca. 6 Portionen à ca. 50 g*
***Pro Portion: 2 Punkte • 48 kcal • 2,4 g KH • 1,7 g F • 5,3 g P***

1 rote Paprika
1 EL Öl, z. B. Olivenöl
100 g Feta, 25 Fett i. Tr. (9 % Fett absolut)
100 g Frischkäse, max. 1 % Fett absolut
Salz, Paprikapulver edelsüß

1. Paprika waschen, Strunk und Kerne entfernen, in grobe Stücke schneiden, in den Mixtopf geben und 5 Sek./Stufe 7 zerkleinern. Mit dem Spatel nach unten schieben.
2. Öl, Feta- und Frischkäse, Salz und Paprikapulver hinzufügen und 15 Sek./Stufe 6 cremig mixen.

# Danksagung

Männer an den Herd! Egal ob vegan oder vegetarisch, süß oder herzhaft – **Christopher**, auch bekannt als **@fussal93** auf Instagram, liebt es, in der Küche mit seinen Zutaten zu experimentieren und seine Kreationen schmackhaft in Szene zu setzen. Sein Motto: Genuss kann auch ganz einfach sein!
Diana vom Blog **www.schwarzgrueneszebra.de** teilt auf ihrer Seite jede Woche leckere Low-Carb-Gerichte. Nicht nur schnelle Gerichte für jeden Tag, sondern auch Außergewöhnliches für die besonderen Momente oder den süßen Zahn. Ihr Motto lautet: Geht nicht, gibt's nicht!
**Mandy** zeigt auf ihrem Instagram-Account **@mia.mirabelle** einfache Rezepte, die leicht umzusetzen und auch noch gesund sind. Hier ist von low carb, low fat bis hin zu vegetarisch und vegan von allem etwas dabei. Zudem werden alle Back- und Kochwerke liebevoll in Szene gesetzt, sodass allein schon die Fotos Lust aufs Backen bzw. Kochen machen.
**Marisa** von Marisa's Table zeigt auf ihrem Blog **www.marisastable.com** und ihrem Instagram-Account **@marisastable**, wie man sich auch mit Intoleranzen und Allergien den Alltag versüßen kann. Mit farbenfrohen Bildern, leckeren Rezepten und ganz viel Leidenschaft präsentiert sie wöchentlich ihre liebsten Gerichte und Tipps rund ums Essen!
**Melanie** von Gaumenschmaus teilt ihre Inspirationen und Rezepte nicht nur auf Instagram **@gaumenschmaus**, sondern auch auf ihrem Blog **www.gaumen-schmaus.at**. Kochen und Backen sind ihre großen Leidenschaften, dank derer sie entspannt. Mit Gaumenschmaus soll die Freude am Herd übermittelt werden, denn bei ihr muss alles mit allem zusammenpassen. Bei ihren Kreationen legt Gaumenschmaus neben VIELFALT besonders großen Wert auf REGIONALE Produkte.
**Ronja** vom Online-Magazin Food'n'Photo beweist, dass auch das Auge mitisst. Auf ihrem Blog **www.foodnphoto.de** und ihrem Instagram-Account **@miss_gruenkern** präsentiert sie leckere und gesunde Gerichte, die allein schon beim Ansehen Appetit machen.
Sich gesund und ausgewogen zu ernähren kann so einfach sein! Wie man simple, aber dennoch leckere Gerichte ganz leicht in den Alltag integrieren kann, zeigt euch **Vanessa F.** auf ihrem Instagram-Account **@vanvanblabla**.

# Bild- und Rezeptnachweis

S. 30: Spinatsalat mit Wassermelone und Hirtenkäse (Rezept + Foto): Christopher Breitfuß, Instagram: @fussal93

S. 31: Bohnen-Erbsen-Mais-Salat (Rezept + Foto): Christopher Breitfuß, Instagram: @fussal93

S. 34: Salat mit Kürbis und Popcorn (Rezept + Foto): Christopher Breitfuß, Instagram: @fussal93

S. 36: Beeriger Blattspinat-Salat (Rezept + Foto): Christopher Breitfuß, Instagram: @fussal93

S. 37: Griechisches Rührei (Rezept + Foto): Christopher Breitfuß, Instagram: @fussal93

S. 39: Zucchini-Karotten-Rösti: Karina Sowa, Instagram: @karina.sowa

S. 40: Gemüsenudeln mit Avocadocreme (Rezept + Foto): Christopher Breitfuß, Instagram: @fussal93

S. 41: Gebackene Pastinaken mit Sour Cream: (Rezept + Foto): Mandy Brünig, Instagram: @mia.mirabelle

S. 42/43: Gefüllte Portobello-Pilze (Rezept + Foto): Christopher Breitfuß, Instagram: @fussal93

S. 44/45: Vegetarisches Curry (Rezept + Foto): Christopher Breitfuß, Instagram: @fussal93

S. 47: Brokkoli- und Blumenkohlsteaks mit Guacamole (Rezept + Foto): Christopher Breitfuß, @fussal93

S. 48: Veganes Curry (Rezept + Foto): Melanie Savic, BScN, gaumen-schmaus.at

S. 56: Kohlrabi-Hack-Auflauf (Rezept + Foto): Diana Ruchser, schwarzgrueneszebra.de

S. 57: Krautauflauf (Rezept + Foto): Diana Ruchser, schwarzgrueneszebra.de

S. 65: Scharfe Garnelenpfanne mit Kräutersauce (Rezept + Foto): Marisa Böckler, Instagram: @marisastable

S. 74/75: Hähnchen-Brokkoli-Pfanne mit Kräutersauce (Rezept + Foto): Marisa Böckler, Instagram: @marisastable

S. 84: Vegane Schoko-Popsicles (Rezept): Vanessa Faschingbauer, Instagram: @vanvanblabla

S. 92: Rotes Pesto (Rezept): Ronja Pfuhl, Food'n'Photo, Instagram: @miss_gruenkern

S. 7: Imcsike/shutterstock.com; S. 8 oben: Y Photo Studio/shutterstock.com; S. 8 unten: ezphoto/shutterstock.com; S. 15: JeniFoto/shutterstock.com; S. 16: Vladislav Noseek/ shutterstock.com; S. 17: Olga Dubravina/shutterstock.com; S. 18: Jiri Hera/shutterstock. com; S. 19: HealthyLauraCom/shutterstock.com; S. 20/21: Irina Meliukh/shutterstock. com; S. 22: Oksana Mizina/shutterstock.com; S. 23: Lapina Maria/shutterstock.com; S. 25: bitt24/shutterstock.com; S. 26: Dmytro Flisak/shutterstock.com; S. 27: ziashusha/shutterstock.com; S. 28: photo-oasis/shutterstock.com; S. 29: eugena-klykova/shutterstock. com; S. 33: vaaseenaa/shutterstock.com; S. 35: pamuk/shutterstock.com; S. 38: Cesarz/ shutterstock.com; S. 46: margouillat photo/shutterstock.com; S. 49: Fanfo/shutterstock. com; S. 50: laperla_foto/shutterstock.com; S. 52: farbled/shutterstock.com; S. 53: Jacek Chabraszewski/shutterstock.com; S. 54: NoirChocolate/shutterstock.com; S. 58: minadezhda/shutterstock.com; S. 59: gagayear/shutterstock.com; S. 60: NoirChocolate/shutterstock.com; S. 61: jabiru/shutterstock.com; S. 62: sarsmis/shutterstock.com; S. 63: Patryk_Kosmider/shutterstock.com; S. 64: Jacek Chabraszewski/shutterstock.com; S. 66: Anna_Pustynnikova/shutterstock.com; S. 67: sarsmis/shutterstock.com; S. 69: cook_inspire/shutterstock.com; S. 70: Maria-Lapina/shutterstock.com; S. 72: minadezhda/shutterstock.com; S. 73: Timolina/shutterstock.com; S. 76: KRK Imaging Services/shutterstock. com; S. 77: zefirchik06/shutterstock.com; S. 78: zefirchik06/shutterstock.com; S. 79: yuda chen/shutterstock.com; S. 81: Anna Shepulova/shutterstock.com; S. 82: Natalie_Barth/ shutterstock.com; S. 83: Vorontsova Anastasiia/shutterstock.com; S. 84: zarzamora/shutterstock.com; S. 85: kenary820/shutterstock.com; S. 86: Svetlana Zelentsova /shutterstock.com; S. 87: Leftmade/shutterstock.com; S. 88: Teri Virbickis/shutterstock.com; S. 89: id-art/shutterstock.com; S. 90: MaraZe/shutterstock.com; S. 91: Lynne Ann Mitchell/shutterstock.com; S. 92: Dream79/shutterstock.com; S. 93: Losangela/shutterstock. com